Andreas Kollender

Kreatives Schreiben

Wochenplan, Tagespläne und alle Arbeitsmaterialien für die Projektwoche

AOL verlag

Bildnachweise:
Coverfoto © Delux – Fotolia.com
Illustrationen © Scott Krausen
Post-its, Notizblockblatt © picsfive – Fotolia.com
Tafel © bekkersara – Fotolia.com

Für eine gute Lesbarkeit wird im Gesamttext die männliche Sprachform gewählt. Denken Sie bitte die weibliche als gleichwertig beinhaltet.

Impressum

Kreatives Schreiben

Andreas Kollender, geboren am 25.09.1964, studierte Germanistik und Philosophie in Düsseldorf. Er machte zahlreiche Nebenjobs, um Zeit zum Schreiben zu haben. Von ihm sind bisher drei Romane in renommierten Verlagen erschienen, im Herbst 2015 folgt der vierte. 2004 gewann Kollender den Literaturpreis Ruhrgebiet. Andreas Kollender lebt mit seiner Familie seit zwanzig Jahren in Hamburg. Dort gibt er Kurse für literarisches Schreiben an vielen verschiedenen Institutionen. Er ist Mitglied der Literaturgruppe centralefünf.

1. Auflage 2015

Veritaskai 3 · 21079 Hamburg
Fon (040) 32 50 83-060 · Fax (040) 32 50 83-050
info@aol-verlag.de · www.aol-verlag.de

Redaktion: Małgorzata Sidorowicz
Layout/Satz: Satzpunkt Ursula Ewert GmbH, Bayreuth

ISBN: 978-3-403-10331-8

Engagiert unterrichten. Natürlich lernen.

AOL verlag

Inhalt

Einleitung

Rechtsstehenden Text haben Schüler einer Hamburger Schule entworfen. Sie haben damit ein Plakat für eine Schreib-AG gestaltet und dieses überall in der Schule aufgehängt. Die AG hatte daraufhin schlagartig mehr Teilnehmer.

Die Erfahrung sowohl in der Arbeit mit Jugendlichen als auch mit Erwachsenen zeigt, dass es viele Menschen gibt, die schreiben – oft jedoch heimlich. Es fällt diesen AG- oder Kursteilnehmern schwer, eigene Texte zu präsentieren, sie vorzulesen und zur Diskussion zu stellen. Der kreative Akt erscheint vielen Menschen sehr persönlich – gerade Jugendliche fürchten, durch die Herausgabe eines Textes zu viel von sich selbst preiszugeben. Hierbei gilt für den Kursleiter oder Lehrer von Beginn an darauf zu achten, dass die enge Verquickung von Person und Text aufgehoben und in gewisser Weise „professionalisiert" wird. Bei der Ankündigung, dass über die in der Projektwoche entstehenden Texte geredet wird, muss versichert werden, dass eben über Texte und nicht über deren Verfasser gesprochen wird.

Es geht um Wörter auf Papier, es geht darum, ob die Hauptfigur nachvollziehbar handelt, ob die Perspektive eingehalten wird und gute, unterstützende Motive gewählt worden sind etc. Es geht nicht um Autorenschaft.

Den berühmtesten Autoren der Literaturgeschichte sind Texte misslungen. Das ist normal und nicht schlimm. Das Beste, das ein erfahrener Autor mit einem misslungenen Text machen kann, ist, ihn wegzuwerfen.

Als Kursleiter muss man auf die individuellen Befindlichkeiten der jungen Schreiber eingehen. Die einen preschen vor, die anderen werden von Ängstlichkeit gebremst. Zwang hilft nicht. Zurückhaltung muss langsam abgebaut werden und die jungen Autoren müssen miterleben, dass die Gespräche über die Texte spannend und interessant sind – und dass sie den Text besser machen.

Berücksichtigten Sie, dass es schwierig sein kann, „auf Kommando" kreativ zu arbeiten. Solche Blockaden können jedoch relativ einfach abgebaut werden. Als eine Möglichkeit wird die Methode des „Clusters" gezeigt.

Einleitung

Beim Geschichtenschreiben – in der Literatur – gibt es keine Grenzen. Jeder kann genau die Geschichte schreiben, die er schreiben will. Sie kann im Hier und Jetzt spielen, in der Vergangenheit, in einer Fantasiewelt oder in der Zukunft.

Die Geschichte kann normale Menschen als Hauptfiguren haben oder Menschen mit besonderen Fähigkeiten wie Harry Potter, Pippi Langstrumpf oder den Drachenreiter.

Figuren, Ort, Zeit, Handlung – das alles können Schüler so gestalten, wie es ihnen gefällt. Die Schüler müssen in ihren Entscheidungen frei bleiben können. Die Projektwoche soll ihnen das Handwerkszeug geben, mit dem sie eine Geschichte freier Wahl solide gestalten können. Schon während der Projektwoche sollten die Schüler motiviert werden, eine eigene Geschichte zu schreiben. Achten Sie darauf, dass für diese Arbeit genug Raum bleibt.

Ich bin kein großer Freund der sogenannten Schulhausromane, bei denen eine Gruppe von vielleicht zwanzig Schülern gemeinsam einen Text schreibt. Wer kein Interesse an einem Krimi hat, sollte auch keinen Krimi aufgezwungen bekommen. Wen Fantasyromane nicht interessieren, weil er mit solchen Welten nichts anzufangen weiß, sollte die Finger davon lassen können.

Die Schüler müssen Freude am Schreiben mitbringen, Geduld und Neugier. Sie müssen bereit sein, einen Text mehrmals zu korrigieren. Für viele Autoren bedeutet die Korrektur der Erstfassung oftmals erst das wirkliche Schreiben.

Schreib-AGs oder Schreibwerkstätten bieten die Möglichkeit, sich mit anderen Schreibenden über Texte zu unterhalten und sie immer besser zu machen. Respektvoll und konstruktiv sollten die Diskussionen über die Geschichten geführt werden. Texte dürfen und sollen kritisiert werden, die Autoren nicht.

Die Projektwoche ist praxisorientiert gestaltet. Die Schüler werden viel schreiben. Grundlegendes Wissen wird im Lehrervortrag vermittelt und von Schreibaufgaben begleitet. **Denn:**
Schreiben lernt man nur durch schreiben.

Was tun Schüler, die eine Geschichte schreiben?
Sie machen etwas ganz Wundervolles: Sie machen aus einer bisher nicht erzählten Geschichte eine erzählte, spannende, interessante Geschichte. Nur durch die Schreibarbeit können andere Menschen diese Geschichte lesen oder während einer Lesung hören. Nie zuvor hat es diese Geschichte gegeben. Es ist eine großartige Arbeit, die geleistet worden ist.

Wie soll eine Geschichte sein, damit Leser Lust und Laune haben, sie zu lesen?
Die Geschichte muss spannend sein. Das Gegenteil von Spannung ist Langeweile und wer will schon einen langweiligen Text lesen?

Die Geschichte muss interessant sein,
gut geschrieben,
uns „mitnehmen",
Bilder liefern;
der Leser sollte nicht denken … „Das kenn' ich ja alles schon" und eine unvergessliche Hauptfigur haben, jemanden wie Momo, Faust oder Macbeth.
Die besten Geschichten sind die, die die Leser nicht aus der Hand legen können. Notfalls lesen junge Leute mit der Taschenlampe unter der Bettdecke, wenn ihre Eltern meinen, sie schliefen bereits.

Gute Geschichten gehen zu Herzen. Das menschliche Herz mit seinen Fähigkeiten zu Trauer, Freude, Spannung, Mitgefühl, Hass und Liebe muss das Ziel des Schreibens sein. Der Literaturnobelpreisträger William Faulkner (1897–1962) sagte, Autoren schreiben über „das menschliche Herz im Widerstreit mit sich selbst".

Das Wichtigste bleibt die Freude am Schreiben, die Freude daran, eine ganz neue, eigene Geschichte zu erzählen.
Was braucht man? Papier und gut gespitzte Bleistifte, Fantasie und Vorstellungskraft.

Ich wünsche Ihnen viel Freude mit diesem Heft und Ihren Schülern beim Schreiben!

Wochenplan

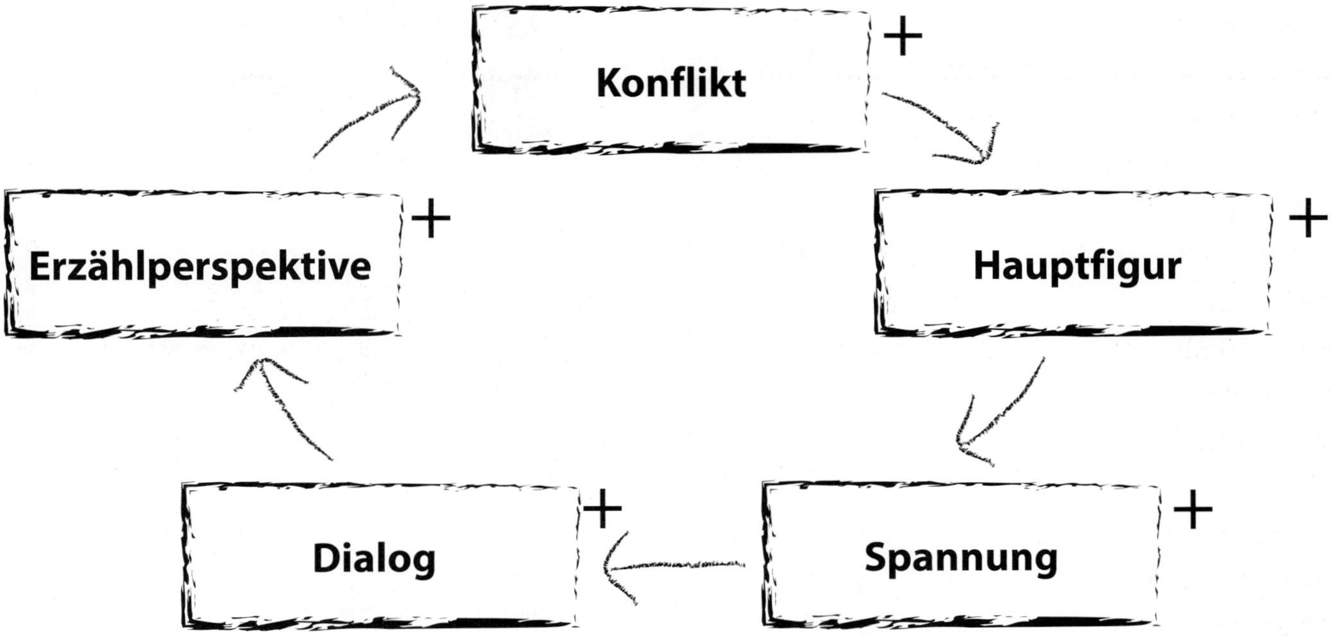

Hinweise

Bitten Sie die Jugendlichen, ein leeres Heft oder Buch zur Projektwoche mitzubringen oder besorgen Sie selbst eine Mappe für jeden Schüler, sodass alle entstandenen Texte und bearbeiteten Schreibaufgaben dokumentiert und zur Weiterarbeit aufbewahrt werden können.

In den Kopiervorlagen am Ende des Buches sind sämtliche Schreibmaximen aufgelistet. Zu jeder Maxime finden sich dort unterschiedliche Aufgaben, die am Projekttag bearbeitet werden können. Erfahrungsgemäß sind die benötigten Zeiten für Schreibaufgaben sehr unterschiedlich; manche Schüler schreiben flott, andere überlegen lange, bevor sie das erste Wort schreiben. Zwar muss ein wenig auf Zeit geachtet werden, man sollte die Schreibenden aber auch nicht hetzen. Setzen Sie die Kopiervorlagen variabel ein.

1. Tag: Problem und Konflikt
oder
„Ganz schön was los hier!"

Ablauf 1. Tag

30 Min.	Vom Schreiben und guten Büchern – Motivation und Ziele	Lehrervortrag mit Gespräch
45 Min.	Schreibübung „Cluster"	
45 Min.	„Ganz schön was los hier"	Lehrervortrag mit Gespräch Schreibmaxime 1
30 Min.	Die Was-wäre-wenn-Frage	Lehrervortrag mit Gespräch
30 Min.	„Oh Gott, wie soll ich da wieder rauskommen?!"	Schreibaufgabe I
30 Min.	Die drei Konfliktarten	Lehrervortrag mit Gespräch
45 Min.	Innere Konflikte für Valentina	Schreibaufgabe II Schreibmaxime 2
15 Min.	„Was willst du von mir?"	Lehrervortrag mit Gespräch

Vom Schreiben und guten Büchern – Motivation und Ziele (Lehrervortrag mit Gespräch)

Fragen Sie, wer von den Schülern schon einmal eine Geschichte oder ein Gedicht geschrieben hat. Lassen Sie gerne von Lieblingsbüchern berichten. Fragen Sie, ob der jeweilige Schüler begründen kann, warum ihm ein Buch besonders gut gefallen hat. Machen Sie von Beginn an klar, dass es in der Projektwoche beim Gespräch über Bücher bzw. Texte nicht vorwiegend um intellektuelle Standpunkte geht, sondern um Formulierungen wie „Spannung", „hat mich mitgerissen" und „bin schnell da reingekommen".

Fragen Sie, mit welcher Motivation sich die Schüler für den Kurs entschieden haben und welche Ziele sie erreichen möchten. Formulieren Sie anschließend als Zielvorgabe für die Projektwoche, dass jeder Schüler am Ende Handwerkszeug erlernt haben wird, mit dem er eine gute, spannende Geschichte schreiben kann – und vielleicht auch schon geschrieben haben wird. Kündigen Sie an, dass in der Projektwoche genug Zeit gegeben wird, an der eigenen Geschichte zu schreiben.

Hintergrund

Lesen ist Genuss und Vergnügen. Klischees von „schwerer Literatur" haben in der Projektwoche nichts zu suchen. Wem ein noch so berühmter Roman nach dreißig, vierzig Seiten nicht gefällt, der soll ihn weglegen. Spannung ist nichts Triviales. Jede gute Geschichte ist auf ihre Art spannend. Die Spannung wird dadurch aufgebaut, dass der Leser wissen will, wie es mit der Hauptfigur weitergeht. Das muss nichts mit „Thrill" zu tun haben.

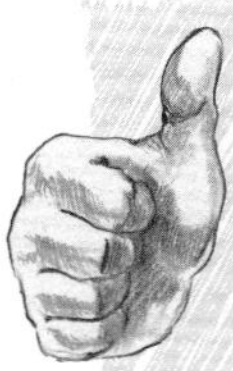

Tipp
Über Literaturzentren oder -häuser können Sie einen Autor in den Unterricht einladen, der über seine Art der Schreibarbeit berichten und die Fragen der Schüler beantworten kann. Sie können auch vorschlagen, gemeinsam eine Lesung zu besuchen.

Bevor Sie mit der Gruppe in die Arbeit von Theorie und Praxis einsteigen, machen Sie mit den Schülern eine altbewährte, einfache Schreibübung: den Cluster.

Hintergrund

Vereinfacht dargestellt, besteht das menschliche Hirn aus zwei Hemisphären. Eine ist eher für Logik und Vernunft da, die andere für Kreativität und Emotion.

Beim Schreiben müssen stets beide Hälften aktiviert werden. Es gilt die alte Formulierung vom Schreiben mit „heißem Herzen und kaltem Verstand". Ein Text zielt aufs Herz, auf die Emotionen. Andererseits muss er vernünftig konstruiert sein, Abläufe müssen plausibel sein ebenso wie die Handlungen der Figuren oder das Verwenden von Motiven.

Um die Arbeit der Hirnhemisphären miteinander zu verbinden, ist gerade eine „lockere" Clusterübung gut geeignet.
Sagen Sie den Schülern, dass es bei spontanen Schreibübungen wie dem Cluster nicht um „Anspruch" geht. Es ist nicht nötig, die dabei entstandenen Texte zu besprechen. Trotzdem sollten sie reihum vorgelesen werden. Schon dabei wird sich en passant die Vielfalt der Schreibmöglichkeiten auf inhaltlicher und stilistischer Ebene zeigen.

Schreibübung „Cluster"

Lassen Sie einen Schüler ein spannendes Verb nennen – am besten kein Hauptwort. Assoziationen zu einem Verb wie „fliehen" sind meist einfacher und zugleich anregender als zu Verben wie „spazieren" oder „essen." Jeder Schüler – auch Sie – schreibt dieses Verb in die Mitte eines Zettels und umkreist es. Dann geben Sie anderthalb Minuten Zeit zum freien Assoziieren. Was auch immer den Schülern zu diesem Verb einfällt, sollen sie um das Zentrumswort herum notieren. Fällt ihnen zu einer ihrer Assoziationen eine weitere ein, sollen sie auch diese notieren.

Ist die Zeit der freien Assoziation vorüber, schreiben Sie und die Schüler einen Text aus den notierten Wörtern. Nehmen Sie sich zwanzig Minuten dafür. Es muss nicht zwingend jedes Wort vorkommen. Beim freien Schreiben geht ein Text oft ganz eigene Wege.

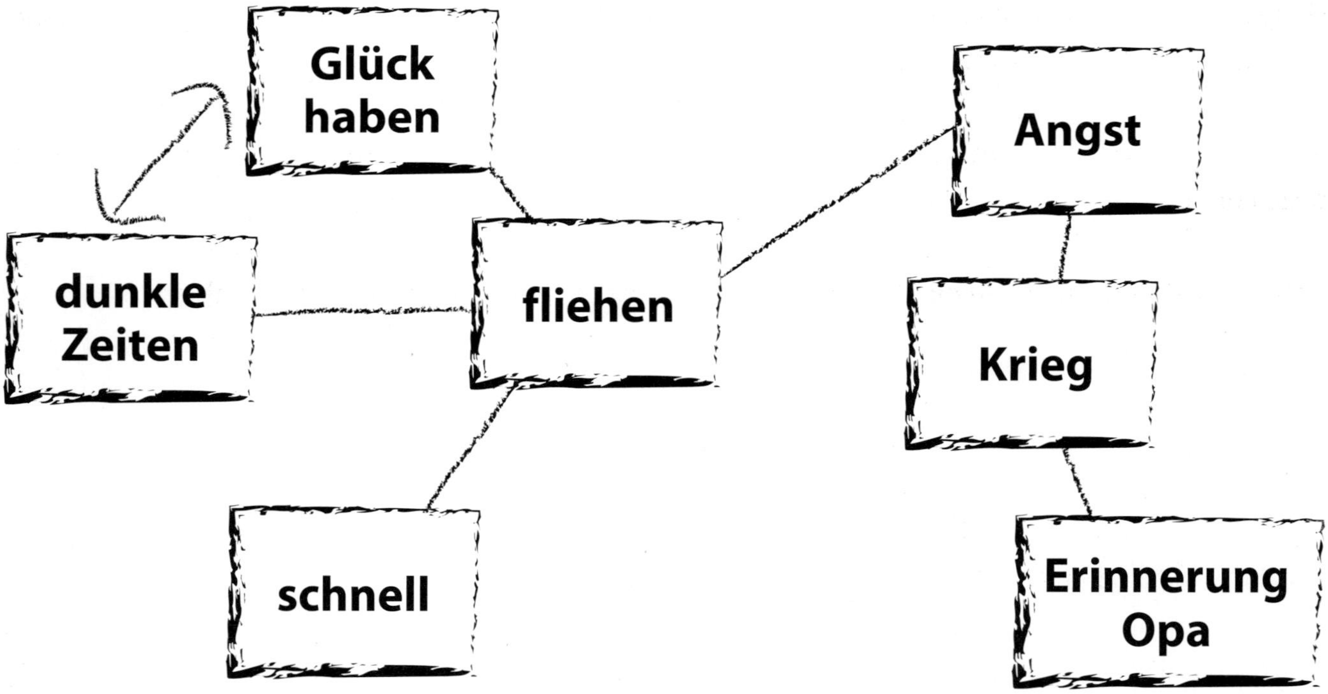

Danach lassen Sie die Texte vorlesen. Besprochen werden müssen die Texte nicht. Sollte sich aber zu dem einen oder anderen ein Gespräch entwickeln, blocken Sie das nicht ab. Nicht selten sind Clustertexte die Basis für spätere „richtige" Geschichten.

Nach dem Cluster kommen Sie zum ersten Theorieteil.

„Ganz schön was los hier!" (Lehrervortrag mit Gespräch)

Eine Geschichte braucht ein Thema. Es muss um etwas gehen. Die Hauptfigur muss vor wirklichen Herausforderungen stehen. Das Thema sollte letztendlich einfach zu formulieren sein. Hier einige Beispiele, die Sie den Schülern als Impulse geben können:

Der Kampf zwischen Gut und Böse

Eine Freundschaft, die auf eine harte Probe gestellt wird

Eine Mission erfüllen müssen

Um eine Liebe kämpfen

Ein gefährliches Abenteuer überstehen müssen

Einen großen Fehler wieder gutmachen wollen

Lassen Sie diese Liste durch Beispiele der Schüler fortsetzen. Der springende Punkt dabei ist, dass die Hauptfigur der Geschichte zwingend etwas braucht, ohne das keine Geschichte, ob kurz oder lang, kein Film, kein Theaterstück jemals funktionieren kann: ein Problem.

In der umfangreichen Literatur zum kreativen Schreiben wird dieses Problem meist als „Konflikt" bezeichnet.

Geht es in einer Geschichte nicht um einen Konflikt, dann gibt es auch nichts zu erzählen.

Bitten Sie die Schüler eine Seite in der Mappe oder dem Heft für die Projektwoche fett mit **„Schreibmaximen"** zu überschreiben. Schreiben Sie zum Übertrag auf diese Seite folgende Maxime an die Tafel:

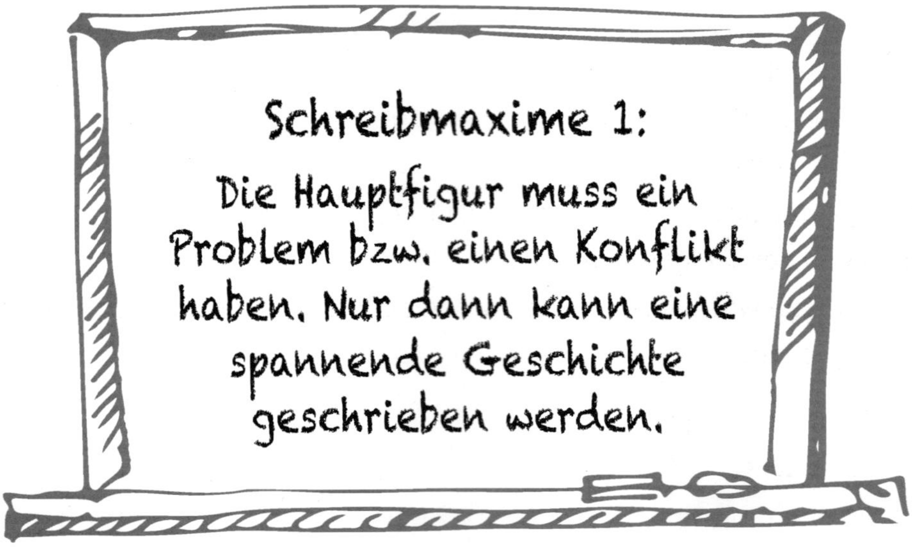

Die Was-wäre-wenn-Frage (Lehrervortrag mit Gespräch)

Wie kann man sich dem Problem/Konflikt am besten nähern?
Am einfachsten geht das mittels der Was-wäre-wenn-Frage.
Was wäre, wenn die Hauptfigur Julia außergewöhnliche Fähigkeiten hätte? Sie könnte zum Beispiel fliegen. Das wäre vielleicht schon aufregend genug. Was aber, wenn eine böse Macht versucht, diese Fähigkeiten für ihre dunklen Absichten einzusetzen?
Was wäre, wenn die Hauptfigur Jonas furchtbar arm ist, aber ein Mädchen aus reichem Hause liebt?
Was wäre, wenn die Eltern dieses Mädchens gegen die Verbindung der beiden sind?
Was wäre, wenn die Hauptfigur Sophie in einer fremden Welt erwacht und dort zusätzlich für die erwartete Anführerin im Kampf gegen Ungeheuer gehalten wird?

Verfolgt man diese Fragen weiter, ergeben sich immer mehr Probleme bzw. Konflikte. Dadurch bekommt die Geschichte mehr Inhalt bzw. Handlung. Es können Handlungsstränge aufgebaut werden, die allesamt spannend sind.

Fragen Sie, welche Konflikte sich aus dem ersten Beispiel der fliegenden Julia entwickeln könnten. Hier sind einige Anregungen, die allesamt zu „Text" führen würden:
Wie stellt die Figur Julia fest, dass sie fliegen kann?

Was erlebt sie alles durch die Fähigkeit?
Wie reagieren ihre Eltern und Freunde auf die Fliegerei?
Wie tritt die böse Macht an Julia heran? Anfangs vielleicht getarnt als eine gute Macht?
Welche Verlockungen werden für Julia aufgebaut, wenn sie ihre Fähigkeit dieser fremden Macht zur Verfügung stellt?
Wann erkennt Julia, dass sie auf dem falschen Weg ist?
Was tut sie alles, um von der bösen Macht wieder loszukommen?
Hat sie Freunde, die ihr helfen wollen und dadurch selbst in höchste Gefahr geraten?
Kann sie sich nur gegen die böse Macht wehren, wenn sie ihre Flugfähigkeit wieder verliert – und wenn ja, wie kann sie sich von der Fähigkeit lossagen?
Die Was-wäre-wenn-Frage wirft viele weitere Fragen auf und sorgt somit fast automatisch für Spannung, die eng mit der eigentlichen Geschichte zu tun hat.

„Oh Gott, wie soll ich da wieder rauskommen?!"
Schreibaufgabe I

Lassen Sie die Schüler fünf Was-wäre-wenn-Fragen formulieren. Die Hauptfiguren heißen Jasmin oder Emre. Die Schüler sollen sich spannende Fragen ausdenken.
Wenn die aufgeschrieben sind, sollten ein oder zwei weitere Fragen aus der ersten entwickelt werden. Die Schüler sollen ihrer Fantasie und ihren Interessen freien Lauf lassen.

Wenn die Schüler eine Was-wäre-wenn-Frage mit ein oder zwei weiteren Fragen formuliert haben, lassen Sie sie den Zettel jeweils an den Nachbarn weitergeben, der dann seinerseits ein bis zwei weitere Fragen formulieren soll.

Die drei Konfliktarten (Lehrervortrag mit Gespräch)

Bei den Konflikten, die die Hauptfigur austragen muss, unterscheidet man grob zwischen drei Arten. Schreiben Sie die drei folgenden Punkte an die Tafel und lassen Sie die Schüler das in ihre Mappen übertragen.

Die drei Konfliktarten:
- **der innere Konflikt**
- **der Konflikt mit einem oder mehreren anderen Menschen**
- **der Konflikt mit Natur oder Technik**

Die inneren Konflikte sind die, die eine Hauptfigur meist am interessantesten machen.

Ein Beispiel für einen inneren Konflikt:
Valentina bekommt ein tolles Berufsangebot aus New York. Valentina könnte dort ihrem Traumberuf nachgehen. Aber sie lebt in Hamburg und pflegt ihre kranke Mutter. Jetzt steht sie vor einem Dilemma: den Job ablehnen und sich weiter persönlich um die Mutter kümmern oder den Job annehmen und die Pflege auf jemand anderen übertragen. Die Übergabe der Pflege an einen fremden Menschen muss Valentina in der Geschichte sehr, sehr schwerfallen. Sie liebt ihre Mutter, die immer viel für sie getan hat. Sie will nicht, dass ein Fremder ihre Mutter betreut, andererseits hat sie nie einen Job so gewollt wie den in New York. Das Jobangebot gilt allerdings nur noch zwei Wochen.

Es ist nicht verkehrt, wenn man zu Beginn der Geschichtsfindung ein wenig überdramatisiert – was zu viel ist, kann in der Konzeptionierung der Geschichte wieder herausgenommen werden. Bei dem oben genannten Beispiel ist es wichtig, dass Valentina ein sehr gutes Verhältnis zu ihrer Mutter hat. Der Konflikt darf nicht leicht zu lösen sein. Wäre Valentina ihrer Mutter gegenüber völlig gleichgültig eingestellt, bräche die Geschichte bereits zusammen. Für die Figur muss etwas auf dem Spiel stehen.

Geben Sie ein weiteres Beispiel. Über das Vorstellen solcher Konfliktsituationen kommt die Kreativität in Fahrt. Erste Einblicke in die wesentlichen Merkmale einer guten Geschichte werden so gewährt.

Ein weiteres Beispiel ist:
Valentina ist arm. Sie sieht, dass jemand seine Brieftasche verliert. Sie hebt sie auf und stellt fest, dass in der Brieftasche tausend Euro stecken. Welche Konflikte toben jetzt in ihr? Zurückgeben? Behalten? Moral und Anstand gegen ihre eigene Not und das Habenwollen?
Oder stellen Sie die Frage:
„Was wäre, wenn Valentina in den Freund ihrer besten Freundin verliebt wäre?"

Hintergrund

Stellen Sie solch ein Modell zur Diskussion, wird sich ein lebhaftes Gespräch entwickeln. Weisen Sie dabei die Schüler immer darauf hin, dass sie während der Projektwoche „in Geschichten denken" sollen. Die Diskussionen über Konflikte, wie die oben genannten, können lange dauern, wenn ein Thema getroffen wurde, das auf Interesse stößt. In einer Projektwoche zum kreativen Schreiben ist es wichtig, solche Diskussionen zu führen, auch wenn sie Zeit kosten mögen. Wenn Sie die Schüler immer wieder nachdrücklich darauf hinweisen, „in Geschichten zu denken", entstehen häufig erste Ideen und Skizzen zu eigenen Texten.

Innere Konflikte für Valentina – Schreibaufgabe II

Lassen Sie die Schüler innere Konflikte für Valentina erfinden. Sie soll vor einem wirklichen Problem stehen und Entscheidungen treffen müssen, die ihr nahegehen.

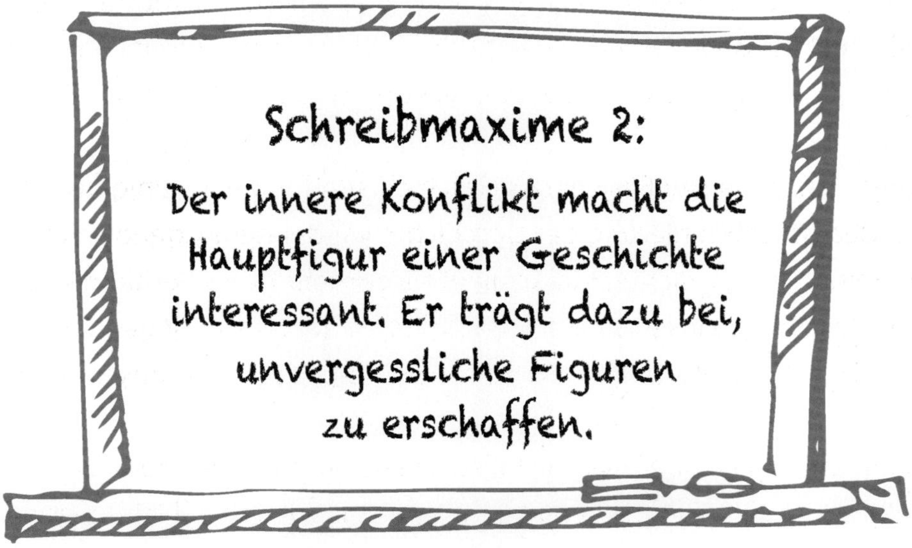

Diktieren Sie die vorangestellte Maxime und lassen Sie die Schüler die in Schreibaufgabe II entworfenen, inneren Konflikte von Valentina vortragen. Oft ergeben sich auch daraus bereits Gespräche über mögliche Geschichten.
Durch genau diese Gespräche bringen Sie die Schüler nebenbei immer näher an ihre erste eigene Geschichte heran. Je mehr die Schüler auftauen, auch weil sie merken, dass das Gespräch über Texte eher konstruktiv als kritisch ist, desto mehr werden sie sich einbringen.

„Was willst du von mir?" (Lehrervortrag mit Gespräch)

Valentina kann auch einen Konflikt mit einem andern Menschen haben. Nehmen wir an, sie hat eine „Feindin". Wichtig dabei ist, dass auch hier der innere Konflikt berücksichtigt wird. Vielleicht kommt es in dem Streit mit ihrer Widersacherin so weit, dass Valentina irgendwann tatsächlich Lust hat, die andere zu ohrfeigen.
Natürlich denkt Valentina über ihre Gefühle nach. Sie ist kein Mensch – und will auch kein Mensch sein –, der andere schlägt. So verschlingen sich äußerer und innerer Konflikt.
Aus einem solchen Aufeinanderprallen äußerer und innerer Konflikte können interessante und spannende Szenen entstehen, in denen Leser viel über die Situation und den Charakter Valentinas erfahren.

Fragen Sie die Schüler, wie ein „Feind" – ein Antagonist – sein muss, damit die Geschichte von dieser Figur profitiert. Sobald die Antwort kommt, der Feind müsse der Hauptfigur ebenbürtig sein, ist wieder ein Ziel erreicht. Der Konflikt mit einem schwachen Feind lässt sich schnell lösen. Der Konflikt mit einem starken Antagonisten hingegen nicht. Ein starker Gegner fordert die Hauptfigur viel mehr als ein schwacher, deshalb gibt es dann auch mehr über die Hauptfigur und ihre Geschichte zu schreiben.

Tipp
Zur einfachen Veranschaulichung des starken Gegners greifen Sie ruhig auf berühmte Filme zurück. Was wäre „Rocky", stieße er im finalen Kampf auf einen schwachen Boxer? Was wäre „Der Pate", wenn die verfeindeten Mafiafamilien schwach wären oder wie banal wäre „Der Herr der Ringe" geworden, gäbe es mit Sauron und anderen Widersachern nicht sehr starke Gegner? Über Filme kann man sich auch Shakespeare nähern. „Romeo und Julia" ist mehrfach verfilmt worden, auch in modernen Versionen. Wie sollte diese Liebesgeschichte jemals funktionieren, wären die Familien Capulet und Montague nicht bis aufs Blut verfeindet? Die Geschichte würde gar nicht funktionieren.
Fragen Sie die Schüler nach Filmen und Büchern mit starken Antagonisten.

Beenden Sie den ersten Projekttag mit der Anregung, sich aus den Was-wäre-wenn-Fragen und den Konflikten einer eigenen Geschichte zu nähern.

2. Tag: Der Konflikt mit der Natur
oder
„Wie mache ich Feuer ohne Feuerzeug?"

Ablauf 2. Tag

30 Min.	„Hilfe! Ist hier jemand?"	Lehrervortrag
15 Min.	Klassische Konflikte in Literatur und Film	Lehrervortrag mit Gespräch
30 Min.	„Was geht dir so richtig auf die Nerven?"	Gespräch
15 Min.	„Verdammt, ich komm hier nicht raus!"	Lehrervortrag mit Gespräch
30 Min.	Lily und Veronika	Schreibaufgabe III.a
30 Min.	Der Schmelztigel und du	Schreibaufgabe III.b
15 Min.	„Hauptfigur: Wer bist du?"	Lehrervortrag
90 Min.	„Hallo. Ich möchte dich kennenlernen."	Lehrervortrag mit Gespräch Schreibmaxime 3

„Hilfe! Ist hier jemand?" (Lehrervortrag)

Die dritte Art des Konflikts ist die mit der Natur oder der Technik. Berühmtes Beispiel für einen Konflikt mit der Natur ist der vielfach verfilmte Roman „Robinson Crusoe" von Daniel Defoe (1660–1731). In diesem Roman ist Robinson der einzige Überlebende eines Schiffsuntergangs und wird auf eine einsame Insel verschlagen. Dort muss er sich ganz allein ernähren, schützen und später gegen Kannibalen wehren. Er muss und will überleben.

Die Hauptfigur Celine könnte eine Bergtour machen. Es kommt zu einem Unglück und ihr Bergführer stürzt ab. Jetzt steht Celine ganz allein, irgendwo hoch oben in einer menschenfeindlichen Landschaft und muss sich durchschlagen. Schon entsteht eine spannende Abenteuergeschichte. Und auch hier wird es, je besser die Geschichte ist, zu inneren Konflikten kommen. Irgendwann nämlich ist Celine erschöpft, unterernährt und ihr Mut sinkt. Sie spürt, dass in ihr Gedanken ans Aufgeben hochkommen. Jetzt muss sie nicht mehr nur gegen den Berg, gegen Kälte und gefährliche Abhänge kämpfen, sondern auch gegen die größer werdende körperliche und geistige Schwäche in ihr.

Bei jeder Geschichte ist es für den Schreibenden ganz wichtig, sich voll und ganz in die Hauptfigur und ihre Situation hineinzuversetzen.
Nur wenn sich der Autor mit aller Kraft seine Celine hautnah in dieser gefährlichen Lage oben in den Bergen vorstellt, kann er auch gut über sie schreiben.

Was ist an der Konfliktgestaltung noch wichtig?

Wie vieles in der Geschichte muss sich auch der Konflikt entwickeln.
Kommen wir zurück auf die Geschichte, in der Valentina eine Feindin hat:
Es würde der Geschichte viel Dramatik und Spannung rauben, wäre dieses andere Mädchen von Beginn an eine Feindin. Die Geschichte ginge noch viel mehr zu Herzen, wenn diese Feindin anfangs sogar eine Freundin Valentinas gewesen wäre. Werden dann die Konflikte in Valentina und zwischen den beiden Mädchen nicht viel größer und aufregender?

Der Konflikt sollte sich also entwickeln.
Wenn der Konflikt sich entwickelt hat, sollte er nicht stagnieren. Haben Valentina und ihre Feindin sich ein Mal angeschrien und heftig gezankt, würde eine Wiederholung dieser Szene dem Text schaden. Die Entwicklung des Konfliktes könnte so aussehen, dass Valentina und das andere Mädchen zu Beginn eine kleine Meinungsverschiedenheit haben, sich dann gegenseitig anzischen, sich schließlich anschreien und vielleicht sogar körperlich auseinandersetzen. Das alles aber immer nur ein Mal. Wiederholen sich solche Szenen, spricht man vom „stagnierenden Konflikt" und der gilt als schlecht für den Text – so wie fast jede Wiederholung schlecht für den Text ist.

Wichtig ist zu erkennen, dass es auch Geschichten gibt, die eigentlich keine sind und deshalb nicht funktionieren. Je früher man erkennt, dass eine Idee nicht tragfähig für einen Text ist, desto weniger unnötige Arbeit investiert man am Ende.

Geht gar nicht!

In einer AG schrieb ein Mädchen eine Urlaubsgeschichte. In diesem Urlaub – die Geschichte war angelehnt an wahre Ereignisse – lief ihr fünf Tage lang ein Hund hinterher. Das wollte das Mädchen zu Papier bringen. Es wurde ihr davon abgeraten. Sie hat es probiert. Das Ergebnis war:
Ein Hund läuft fünf Tage lang einem Mädchen hinterher. Das war weder interessant noch spannend. Hätte die Autorin einen echten Konflikt eingebaut, hätte es eine Geschichte werden können. Aber so reichte das nicht. Verkürzt und klar kann man formulieren: Kein Konflikt, keine Geschichte!

Klassische Konflikte in Literatur und Film (Lehrervortrag mit Gespräch)

Fragen Sie die Schüler nach klassischen Konflikten aus Geschichten und Filmen. Lassen Sie die Antworten an die Tafel schreiben. Geben Sie aus der folgenden Liste einige Konflikte als Beispiele vor und sammeln Sie dann. Hier sind einige klassische Konflikte zur Orientierung:

- Verbotene Liebe
- Tyrannei
- Hass
- Krieg
- Selbstfindung
- Krankheit
- Selbstzweifel
- Untreue
- Rache
- Suche
- Schuld
- Aufstieg und Fall
- Verbrechen
- Sucht
- Neid
- Ungerechtigkeit
- Verlust
- Gut & Böse

„Was geht dir so richtig auf die Nerven?" (Gespräch)

Ein Autor sollte über etwas schreiben, das ihn wirklich interessiert. Fragen Sie also die Schüler, was ihnen im Leben wirklich Kummer bereitet, was sie fassungslos sein lässt und tief gehend ärgert. Erfahrungsgemäß kommen dann zu Beginn Antworten, die mit Schule zu tun haben oder einem defekten Handy. Bohren Sie aber einige Minuten weiter, geht es schnell um Gerechtigkeit, die Trennung der Eltern, Freundschaft oder um Kriege, von denen die Schüler aus Zeitung und Fernsehen wissen. Ermutigen Sie die Schüler, das von ihnen genannte Thema gleich in eine kleine, potenzielle Geschichte zu packen. Antwortet beispielsweise ein Schüler, der Krieg in Syrien würde ihn sorgen, dann fordern Sie ihn auf, sofort „in Geschichten zu denken". Die Hauptfigur eines Textes könnte beispielsweise eine syrische Freundin haben, die sich durch die Vorgänge in ihrem Heimatland verändert und Probleme heraufbeschwört.

„Verdammt, ich komm hier nicht raus!" (Lehrervortrag mit Gespräch)

Wichtig für das Erzählen von Geschichten ist, dass die Hauptfigur nicht die Möglichkeit hat, dem Konflikt auszuweichen. Die Hauptfigur muss so in den Konflikt verstrickt sein, dass sie nicht weglaufen kann. Dieses System nennt man „Schmelztiegel".

Klassische Schmelztiegel des Ortes sind beispielsweise Schiffsreisen. Kommt es während einer Schiffsreise mitten auf dem Ozean zu einem heftigen, erzählenswerten Konflikt zwischen zwei Figuren, kann keine der Figuren wirklich ausweichen. (In der Realität sind es tatsächlich Schiffsreisen, bei denen es zu den meisten ungeklärten Todesfällen kommt.) Ein Flugzeug oder eine Insel – Robinsonade – haben ähnliche Voraussetzungen, als Schmelztiegel zu dienen, ebenso ein Auto im Stau oder eine Gefängniszelle.

Lassen Sie die Schüler kurz auf den Schmelztiegel „Gefängniszelle" eingehen. Sie sollen sich vorstellen, sie müssten ins Gefängnis, was ja an sich schon schlimm genug wäre. Aber sie bekommen keine Einzelzelle. Als der Wärter ihnen die Tür zur Zelle öffnet, sitzt dort ein glatzköpfiger, tätowierter Hüne mit glasigen Augen. Solche anfänglichen „Überdramatisierungen" helfen, Geschichten zu finden.

Es gibt auch Schmelztiegel emotionaler oder sozialer Art: die Familie zum Beispiel. Oft sind die emotionalen Bande innerhalb der Familie so eng, dass sich eine Figur nicht einfach so daraus lösen könnte. Gerade deshalb ist der Familienroman beim Publikum immer beliebt. Des Weiteren bietet der Familienroman eine große Identifikationsoberfläche, weil jeder Mensch den sozialen Raum Familie kennt.
Eine Schmelztiegelfunktion hat auch der Beruf. Wenn die Hauptfigur aus finanziellen Gründen auf ihren Beruf angewiesen ist – wie die meisten Menschen – und es im Beruf zu unerträglichen Konflikten kommt, kann sie dennoch nicht einfach kündigen.
Religion kann ein Schmelztiegel sein, Freundschaft oder auch eine Krankheit, aus der die Figur nicht entkommen kann.
Durch den Schmelztiegel sorgt der Autor dafür, dass die Hauptfigur sich dem Konflikt nicht entziehen kann – jedenfalls nicht einfach.

Zur Veranschaulichung der immensen Wirkung, die der Schmelztiegel haben kann, leiten Sie folgende Schreibaufgabe an:

Lily und Veronika – Schreibaufgabe III.a

Schildern Sie den Schülern folgendes Szenario:

Lily hat im Laufe einiger Wochen eine abgrundtiefe Abneigung gegen ihre Mitschülerin Veronika entwickelt. Die beiden sind sich feindlich gesonnen. Lily ist zum Einkaufen in der Stadt und benutzt in einem Einkaufszentrum den Fahrstuhl. Im letzten Moment, bevor die Tür sich schließt, huscht Veronika herein. Es ist schon schlimm genug, auf so engem Raum mit jemandem zusammen zu sein, den man nicht leiden kann. „Dramatiker" aber machen es für Lily und damit für die Geschichte noch schlimmer: Der Fahrstuhl bleibt stecken. Nach einer Minute ertönt eine Stimme, dass es Schwierigkeiten mit der Technik gibt. Der Fahrstuhl wird erst in etwa einer Stunde wieder funktionieren.

Lassen Sie die Schüler jetzt schreiben, was sich in diesem aufgezwungenen Schmelztiegel zwischen Lily und Veronika abspielen könnte.

Tipp
Auch hierzu finden sich wieder Kopiervorlagen im Anhang. Bedenken Sie immer, dass die Schreibzeit von Schüler zu Schüler sehr variiert. Verteilen Sie die Kopiervorlagen zu jeder Aufgabe bzw. Maxime. Manchmal fällt einem Schreibenden zu einem bestimmten Thema schlicht nichts ein – das ist völlig in Ordnung. Über die Aufgaben auf den Kopiervorlagen kann er sich dann einem anderen Thema schriftlich widmen.

Der Schmelztigel und du – Schreibaufgabe III.b

Animieren Sie die Schüler eine ausgefeilte Was-wäre-wenn-Frage samt eines Schmelztiegels zu formulieren. Die Schüler sollen darauf achten, dass es wirklich um etwas geht! Lassen Sie die Fragen mit den dazugehörigen Schmelztiegelszenarien vorlesen. Reden Sie über die Tragfähigkeit der einzelnen Ideen.

Aus diesem ersten Ansatz kann sich eine eigene Geschichte entwickeln, der im Laufe des Projekts mehr und mehr Bausteine zugefügt werden können. Pushen Sie die Schüler, ihre erste Geschichte anzugehen und das bisher Gelernte dabei zu berücksichtigen.

„Hauptfigur: Wer bist du?" (Lehrervortrag)

Fragen Sie die Schüler, was sie an einem Roman oder einem Film am meisten gefangen hält. Sobald die Antwort kommt, dass es die Hauptfigur ist, sind Sie beim Thema.

Zur Veranschaulichung kann man getrost auch den Film heranziehen, beispielsweise die vielfach preisgekrönte Serie „Breaking Bad", in der die Entwicklung der Hauptfigur Walter White alias Heisenberg weit getrieben wird. Oder ziehen Sie den in Schulen oft besprochenen Roman „Im Westen nichts Neues" von E. M. Remarque heran. In diesem Roman ist der Held zu Beginn ein naiver, begeisterter Junge, der in den Krieg zieht, um am Ende ein ernüchterter, trauriger Mensch zu sein, den der Tod ereilt.
Referieren Sie darauf, dass es kein Abenteuer „an sich" gibt, keine Herausforderung, keinen Auftrag, keinen Kampf um Gerechtigkeit. Themen bzw. Konflikte in der Literatur zeigen sich ausschließlich an den handelnden Figuren, allen voran an der Hauptfigur.

Schreiben Sie als Leitfrage an die Tafel:

Für viele Autoren und Leser ist die Hauptfigur das Wichtigste in einer Geschichte.
Die Figuren sind es, die in Erinnerung bleiben, seien es Harry Potter, Robinson Crusoe, der Fischer aus „Der alte Mann und das Meer", Macbeth oder viele andere. Die Figuren sind es, mit denen die Leser sich identifizieren.
Identifizieren heißt nicht, die Person sein zu wollen. Identifikation hat nicht zwingend etwas mit gut oder böse, mit Sympathie oder Antipathie zu tun. Identifikation heißt, dass dem Leser die Möglichkeit geboten wird, „dabei zu sein".
Es gibt kein Abenteuer ohne eine Figur, die es bestehen muss. Es gibt keine allgemeinen Konflikte. Eine Geschichte kann den Lesern nur zu Herzen gehen, wenn es auch ein „menschliches Herz" gibt, das die Leser durch die Geschichte begleiten können.
Eine gute Geschichte zielt eher auf das Herz als auf den Kopf.

Was ist eine Grundvoraussetzung dafür, dass eine interessante Hauptfigur für eine Geschichte erschaffen werden kann?
Die Grundvoraussetzung ist:
Der Autor muss so viel wie möglich über die Figur wissen. Er muss sie „kennen", als sei sie eine lebendige Figur, mit der er gut vertraut ist.

Tipp
Raten Sie den Schülern dringend davon ab, über real existierende Personen zu schreiben. Freunde, Lehrer, Familienmitglieder etc. – das führt nur zu Verzettelungen. Es geht darum, eine ganz eigene Figur zu erschaffen, die es zuvor nicht gegeben hat. Ich würde so weit gehen, in diesem Fall den Schülern zu verbieten, über real existierende Menschen zu schreiben. Als Vorbilder können sie dienen, aber sie müssen modelliert und verändert werden.

„Hallo. Ich möchte dich kennenlernen." (Lehrervortrag mit Gespräch)

Wie können Autoren es anstellen, ihre Hauptfigur kennenzulernen?
Dazu gibt es verschiedene Methoden. Eine sehr praktikable Methode ist die der Checkliste. Eine solche Checkliste lässt sich nach Belieben und in Zusammenhang mit der entstehenden Geschichte ausbauen und erweitern.

Anfangen sollte man mit Basiswissen über die Figur. Der Hauptfigur sollte von Beginn an ein Name gegeben werden. Den kann man später immer noch ändern, aber während der vielseitigen Beschäftigung mit dem Text ist es besser, die Hauptfigur nicht „Hauptfigur" zu nennen, sondern Tim, Lina, Katharina oder Tobias. Ebenso ist es gut, von Anfang an einen Arbeitstitel für die Geschichte zu haben. Den wirklich besten Titel finden Autoren in der Regel erst, wenn die Geschichte geschrieben ist. Praktischer Hinweis dabei sei, dass man sich anfangs über Namen und Titel nicht allzu viele Gedanken machen sollte.

2. Tag: Der Konflikt mit der Natur

Lassen Sie die folgende Checkliste an die Tafel schreiben.
Der Anfang einer Checkliste zu „Max" könnte folgendermaßen aussehen:

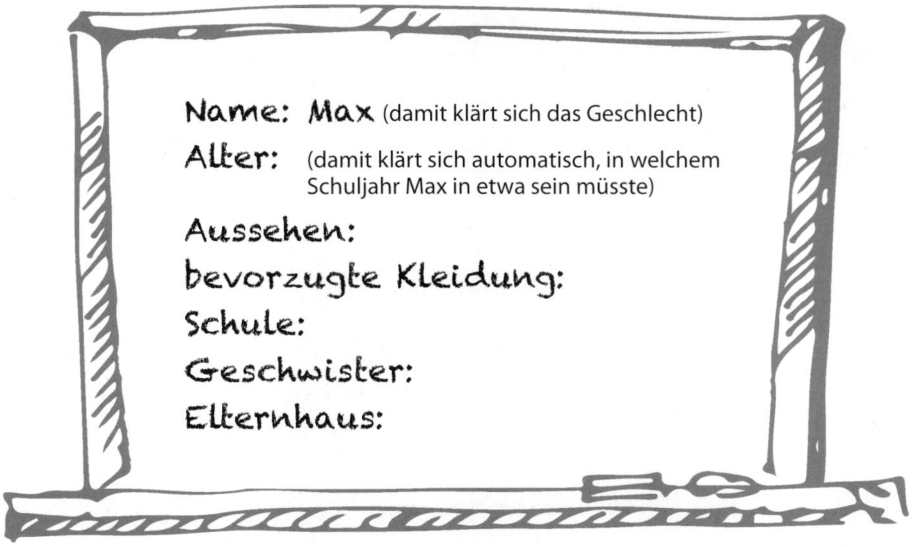

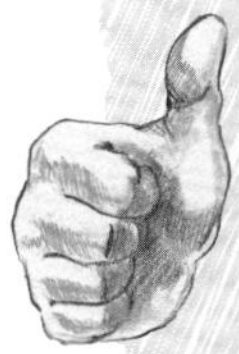

Tipp
Halten Sie an dem Punkt des Elternhauses kurz inne. Das kann ein sehr wichtiger Faktor in der Beschreibung von Max' Charakter sein. Denn in diesem Bereich gibt es viele Möglichkeiten, durch die ein Kind oder Jugendlicher geprägt werden kann.
Fragen Sie die Schüler, welche Varianten von Elternhäusern es gibt und was daraus folgt.

Es kann sein, dass Max in einem guten Elternhaus aufwächst. Die Eltern verstehen sich gut, sie lieben Max, kümmern sich um ihn, sind für ihn da, lassen ihm seine Freiheiten – alles ist in Ordnung.
Es kann aber auch sein, dass Max nur bei Mutter oder Vater aufwächst, weil ein Elternteil entweder gestorben ist oder die Eltern sich getrennt haben.
Oder aber Max' Eltern vernachlässigen ihren Sohn, schlagen ihn vielleicht gar.
Eine andere Möglichkeit ist, dass die Eltern beide tot sind – man denke an Harry Potter. In diesem Falle würde Max bei jemand anderem aufwachsen. Wer könnte das sein und wie ist derjenige?
Man muss sich fragen, in welchem Licht Max sein Elternhaus sehen würde. Wie fühlt er sich dort?
Je nachdem also, in welchem Elternhaus Max aufwächst, wird auch ein Teil seines Charakters geformt.

Weiter mit der Checkliste:

Hobbys:
Vorlieben/Abneigungen:
besondere Fähigkeiten/Begabungen:
Selbstbewusstsein:
Freunde:
Mut/Feigheit:
optimistisch/pessimistisch:
schüchtern/zurückhaltend:
Wünsche/Ziele/Hoffnungen/Sehnsüchte:

So könnte eine erste Checkliste zu Max aussehen.
Man sieht in der Liste einige Widerspruchspaare, zum Beispiel Mut/Feigheit.
Mit solchen Widerspruchspaaren kommen Autoren zu einem wichtigen Punkt in der Figurenschaffung:

Eine interessante Hauptfigur hat – wie jeder Mensch – Stärken und Schwächen.

Dieses Gegensatzpaar bewirkt, dass es den Schreibenden schneller gelingt, eine einprägsame Hauptfigur in die Welt zu bringen. Ein Max, der immer alles schafft, ist ebenso langweilig wie ein Max, der immer und überall versagt.

Diktieren Sie die dritte Schreibmaxime. Lassen Sie die Schüler eine vorläufige, ruhig lückenhafte Checkliste zu einer Hauptfigur ihrer Wahl beginnen. Die Checkliste soll in Zusammenhang mit der bereits entworfenen Was-wäre-wenn-Frage stehen.

Schreibmaxime 3:

Die Hauptfigur muss Stärken und Schwächen haben. Das macht sie interessanter und menschlicher.

Stellen Sie folgende Modelle vor:
Max ist ein starker, erfolgsverwöhnter Junge. Jetzt kann man eine gute Geschichte daraus machen, indem man ihn in eine Situation geraten lässt, die ihn vollständig überfordert. Er scheitert auf ganzer Linie. Damit gerät er in einen Konflikt. Und zwar in einen Konflikt mit sich selbst und mit anderen, die er enttäuscht oder vor denen er sich schämt.

Umgekehrt geht das auch:
Max hält sich für einen Versager. Deswegen zieht er sich zurück, ist unnatürlich schüchtern, hat kaum Freunde und wagt es nie, ein Mädchen anzuschauen. Dann geschieht etwas und plötzlich entdeckt Max eine Fähigkeit in sich, von der er bis dahin nichts wusste. Er wächst über sich hinaus und klärt mutig eine gefährliche Situation. Das wiederum ärgert seinen schlimmsten Widersacher, der erzählt, Max habe das und das gar nicht getan – schon hat man einen Konflikt und eine lohnenswerte Geschichte.

Bleiben wir bei dem Beispiel mit Max, der ungeahnten Mut in sich entdeckt und der sich in einer brenzligen Situation beweist, ohne sich das zuvor zugetraut zu haben, dann ist etwas für die Geschichte Wesentliches passiert:

Die Figur hat sich entwickelt.

Wenn Max am Ende der Geschichte, die geschrieben wird, exakt der Gleiche ist wie zu Beginn, dann ist in der Geschichte etwas misslungen. Minimum ist, dass Max um eine wesentliche Erfahrung reicher ist und dass er etwas erlebt hat.

3. Tag: Figuren und Spannung
oder
„Zeig mir, wer ich bin."

Ablauf 3. Tag

40 Min.	Vom Saulus zum Paulus	Lehrervortrag mit Gespräch Schreibmaxime 4
30 Min.	Leon ist schüchtern. Leon ist mutig.	Schreibaufgabe IV
15 Min.	„Ach ja, du bist ja auch noch da."	Lehrervortrag
45 Min.	„Das kann ja jeder behaupten!"	Lehrervortrag mit Gespräch Schreibmaxime 5
30 Min.	Die Landkarte nicht vergessen!	Lehrervortrag mit Gespräch Schreibmaxime 6
30 Min.	Lars' Kampf gegen alle Widerstände	Schreibaufgabe V
30 Min.	Anfang gut, alles gut!	Lehrervortrag mit Gespräch
45 Min.	„Er würde so etwas nie wieder tun."	Schreibaufgabe VI
15 Min.	„Halt dich fest!"	Lehrervortrag mit Gespräch
Restzeit	Aktiv in die eigene Geschichte einsteigen!	

Vom Saulus zum Paulus (Lehrervortrag mit Gespräch)

Aus einem Atheisten wird ein religiöser Mensch, aus einem trägen Jugendlichen wird ein Sportler oder aus einem guten Menschen wird ein böser. Gerade die Entwicklung von gut zu böse wirkt oft sehr anregend. Diskutieren Sie mit den Schülern, was alles geschehen kann, damit ein guter Mensch – geben Sie ihm direkt einen Namen – zu einem bösen Menschen wird, der moralisch äußert fragwürdige Dinge tut oder gar Verbrechen begeht.

Entwerfen Sie ein Tafelbild: Vorne steht eine „gute" Hauptfigur, von der Figur aus zeichnen Sie einen waagerechten Pfeil. Jetzt lassen Sie die Schüler auf diesen Pfeil Ereignisse eintragen, die dazu führen können, dass aus dem guten Menschen ein schlechter wird (Krankheit, Erfahrung von Ungerechtigkeit, Krieg, Armut, Verlust einer Liebe etc.).

Danach machen Sie die gleiche Übung umgekehrt. Aus einem schlechten Menschen wird ein guter. Welche Ereignisse könnten solch eine Entwicklung bewirken? Oft ergeben sich aus solchen Übungen angeregte Gespräche. Animieren Sie die Schüler, die Erkenntnisse aus der Diskussion neben die Was-wäre-wenn-Frage und die Checkliste zu notieren.

Diktieren Sie unten folgende Schreibmaxime 4. Lassen Sie die Schüler über mögliche Entwicklungen einer Figur reden.

Schreibmaxime 4:

Die Figuren – vor allem die Hauptfigur – müssen sich in der Geschichte entwickeln. Am Ende einer Geschichte muss die Hauptfigur eine andere sein als zu Anfang.

Leon ist schüchtern. Leon ist mutig. – Schreibaufgabe IV

Leon sieht auf dem Schulhof, wie ein kleiner Junge von zwei älteren Jungen heftig geärgert wird. Lassen Sie die Schüler eine ein- bis zweiseitige Geschichte schreiben, in der diese Szene immer dieselbe bleibt.

- In der ersten Geschichte ist Leon ein sehr zurückhaltender, verschüchterter Junge. Was tut er?
- In der zweiten Geschichte ist Leon mutig und entschlossen. Was tut dieser Leon in der geschilderten Situation?

Gerade in der zweiten Variante sollte bedacht werden, dass es der Geschichte schaden kann, wenn ein mögliches Eingreifen von Leon zu einfach ist. Auch einem mutigen Menschen gehen Gedanken von Angst durch den Kopf, wenn er sich entschließt, sich mit zwei Älteren anzulegen.
Auch hier liegt wieder auf der Hand, dass neben dem äußeren Konflikt zu den beiden bösen Burschen der innere Konflikt in Leon mindestens ebenso interessant und wichtig für die Figur ist.

„Ach ja, du bist ja auch noch da." (Lehrervortrag)

Nebenfiguren sind wichtig und müssen ebenfalls spürbar eigenständige Menschen sein. Vielleicht muss man nicht für jede Nebenfigur eine Checkliste wie für Max anfertigen, aber man muss wissen, was für Menschen diese Nebenfiguren sind. Was wollen sie aus ihrem Leben machen? Was treibt sie an, das zu tun, was sie tun? Schaden kann da eine Checkliste nicht.
Geschichten wie Harry Potter würden nicht funktionieren ohne Ron, Hermine und Professor Dumbledore und ein Drama wie „Macbeth" von Shakespeare würde nicht funktionieren ohne Macbeths Freund Banco. Macbeth lässt Banco nach dem Königsmord auch noch umbringen, Bancos Geist erscheint dem Verbrecher Macbeth dann immer wieder.

Wichtig bei Nebenfiguren ist, dass sie keine Kopie der Hauptfigur sein dürfen.
Nebenfiguren, auch wenn es enge Freunde sind, müssen andere Meinungen vertreten als die Hauptfigur und andere Vorzüge oder Fehler haben. Nur dann können sie der Hauptfigur in der Konfliktlösung etwas beisteuern.

Tipp
Stellt man beim Korrigieren einer Geschichte fest, dass eine der Nebenfiguren nichts Eigenes zu sagen oder zu tun hat – wegstreichen! Einfach durchstreichen und rausnehmen aus der Geschichte. Neunzig Prozent der Korrekturarbeit eines Autors besteht aus Streichungen.

Es gibt natürlich auch Nebenfiguren, die nur selten im Text vorkommen.
Bei solchen Figuren ist es wichtig, ihnen eine Art Erkennungszeichen zu geben, zum Beispiel ein besonderes Aussehen: Glatze, Schönheit, Größe, langer Bart oder eine besondere Stimme. Nutzen Autoren diesen Trick, helfen sie den Lesern, sich sofort an diese Figur zu erinnern, die vielleicht zehn Seiten zuvor zum letzen Mal vorgekommen ist.
Lassen Sie die Schüler eine Reihe von Merkmalen sammeln, durch die selten auftretende Nebenfiguren (wieder) erkennbar gemacht werden können.

Haben Hauptfiguren Stärken und Schwächen, sollte das auch bei Nebenfiguren nicht vergessen werden. Schreibt man eine Geschichte über Leon, der einen erbitterten Feind hat, dann wird dieser Feind umso interessanter, wenn auch er eine gute Seite hat oder etwas Tolles besonders gut kann.
Meist sind Bösewichte, die einfach nur und immer und überall böse sind, weitaus weniger einprägsam als die, die irgendwo versteckt auch eine gute Seite haben oder vielleicht andeuten, warum sie böse geworden sind.

Nebenfiguren haben Aufgaben. Sie können die Hauptfigur mit weisen Ratschlägen unterstützen – dieses Modell wird allgemein „Mentor" genannt. Sie können erst Freund dann Feind sein – ein „Gestaltwandler". Sie können die Hauptfigur daran zu hindern versuchen, einen weiteren Schritt ins Abenteuer zu tun – ein „Schwellenhüter". Um sich über die Bedeutung und Aufgabe einer Nebenfigur im Text klar zu werden, reicht oft ein einzelnes die Figur charakterisierendes Wort.

Tipp
Natürlich kann eine Geschichte mehr als eine Hauptfigur haben. Es können durchaus zwei oder drei sein. Für Schreibanfänger ist es jedoch empfehlenswert, die Zahl der Figuren begrenzt zu halten und sich zu Beginn auf eine Hauptfigur zu konzentrieren. Empfehlen Sie den Schülern nachdrücklich, die Zahl der handelnden Figuren überschaubar zu halten.

„Das kann ja jeder behaupten!" (Lehrervortrag mit Gespräch)

Will der Autor erreichen, dass die Leser wirklich mit der Figur fühlen, dann muss er nah an die Figur heran. In einem späteren Kapitel sehen Sie, dass schlichte, objektive Beschreibungen dem Text nicht dienen – im Gegensatz zu Beschreibungen aus den Augen und dem Fühlen der jeweils handelnden Figur.

Hat die Hauptfigur Viktor fürchterliche Angst, kann man schreiben:
„Viktor hatte fürchterliche Angst."
Fragen Sie, nachdem Sie diesen Satz vorgelesen haben, ob bei den Hörern Emotionen erweckt werden. Das wird kaum der Fall sein, denn die Formulierung „Viktor hatte fürchterliche Angst" ist nichts weiter als eine Behauptung. Man kann auch schreiben:
„Viktor konnte kaum noch atmen. Sein Herz schlug heftig in seiner Brust und er verkroch sich hinter dem Schrank. ‚Bitte, bitte, bitte', dachte er, ‚sieh mich nicht.'"

Stellen Sie die gleiche Frage wie oben nach Vortrag der Satzvariante.
Die Antworten werden andere sein.
Aus dieser kleinen Szene geht hervor, dass Viktor Angst hat. Der Autor hat Victors Angst nicht behauptet, er hat sie gezeigt.

Diktieren Sie Schreibmaxime 5:

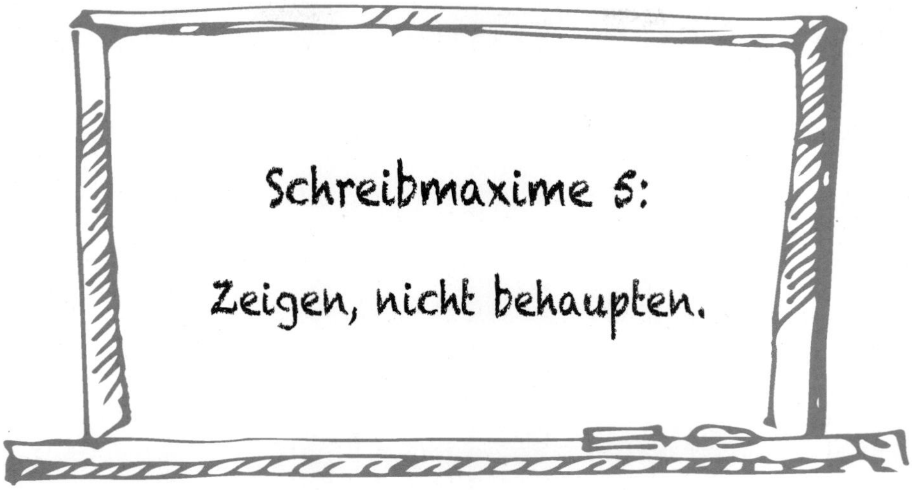

Diese einfachen drei Wörter „Zeigen, nicht behaupten" sind vielleicht die wichtigsten innerhalb des Schreibhandwerks. Berücksichtigen Autoren Maxime 5 kommen sie einer mitreißenden Geschichte ein gewaltiges Stück näher.

Geht es in einer Geschichte darum, dass die Hauptfigur anfangs ein ängstlicher Mensch ist, dann sollte das durch eine Szene gezeigt werden, statt die Behauptung aufzustellen, die Figur sei ängstlich.

Würde man einen Krimi schreiben – bei dem besonderer Wert auf direkte Spannung gelegt wird –, dann würden ein Autor kaum formulieren: „Jetzt wurde es spannend."
Er würde dies deshalb nicht tun, weil eben diese Behauptung alles Mögliche ist, nur nicht spannend. Er würde eine Szene schreiben, in der jemand davonrennt, sich gehetzt umsieht, um Hilfe schreit und nass geschwitzt ist.

In romantischen Dingen, in Dingen der Liebe verhält es sich ebenso. Ein wenig mitreißender Autor könnte schreiben: „Viktor liebte Naomi ja so sehr." Damit hätte er eine Behauptung aufgestellt, die so gut wie keine Empfindung beim Leser bewirkt.

Schreiben Sie den Satz „Viktor liebte Naomi ja so sehr" an die Tafel. Fordern Sie die Schüler auf, diesen Satz zu „emotionalisieren". Dieses Emotionalisieren geschieht ganz simpel durch Weglassen von Behauptungen. Geschichten müssen Gefühlserlebnisse erzeugen ebenso wie Musik oder ein Film. Vielleicht wird eine Szene daraus, in der Viktor jede Nacht vor dem Fenster zu Naomis Zimmer auf und ab läuft. Vielleicht schreibt er ihr Liebesbriefe, die er nie abschickt.

Die Landkarte nicht vergessen! (Lehrervortrag mit Gespräch)

Die Schüler sind über die Was-wäre-wenn-Frage und die Schaffung einer Hauptfigur der Geschichte nähergekommen. Wie baut ein Autor die Geschichte jetzt auf? Wo fängt sie an und wie schaffen es die Autoren, sie möglichst spannend und interessant zu machen?

Es gibt eine recht einfache Möglichkeit, den Aufbau einer Geschichte zu verdeutlichen:
Eine Geschichte braucht einen Anfang, eine Mitte und ein Ende.
Das klingt simpel, ist aber richtig.

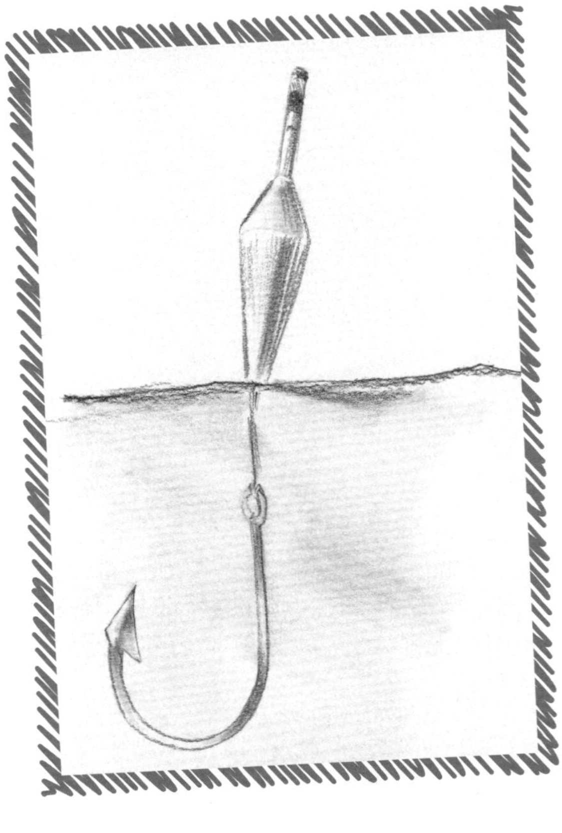

Natürlich muss zu Beginn der Geschichte einiges geklärt werden. Die Hauptfigur muss eingeführt, vorgestellt sowie ihre Situation gezeigt werden. Auch ist es gut, von Beginn an einen Blick auf den sich anbahnenden Konflikt zu werfen. Dabei reicht eine kleine Andeutung: der narrative Haken. Das Wann und Wo der Geschichte sollte ebenfalls früh geklärt werden.

Im Mittelteil dann spitzt sich der Konflikt zu. Es wird spannender, die Hauptfigur gerät mehr und mehr unter Druck. Sie muss bald Entscheidungen treffen.

Am Ende des Textes wird der Konflikt geklärt. Entweder scheitert die Hauptfigur oder der Konflikt geht unentschieden aus oder aber unsere Hauptfigur geht als Sieger aus der Geschichte hervor. Aber auch der Sieger muss für den Sieg „bezahlt" haben. Ein geflügeltes Wort dazu lautet: Der Sieger bekommt nicht den Lorbeerkranz, der Sieger bezahlt die Rechnung.

Tipp
In Schreib-AGs empfehle ich den Schülern immer, sich eine kleine Skizze über den Handlungsablauf zu machen, bevor sie zu schreiben beginnen. Aus lauter Lust aufs Schreiben missachten viele Schüler diesen Tipp anfangs häufig. Wenn sie ihn sich jedoch zu Herzen nehmen und immerhin ein paar Stichworte zum groben Ablauf machen, werden die Geschichten jedes Mal besser.

Solch eine kleine hilfreiche Skizze kann einfach gehalten werden. Lassen Sie die folgende Grobeinteilung an die Tafel schreiben:

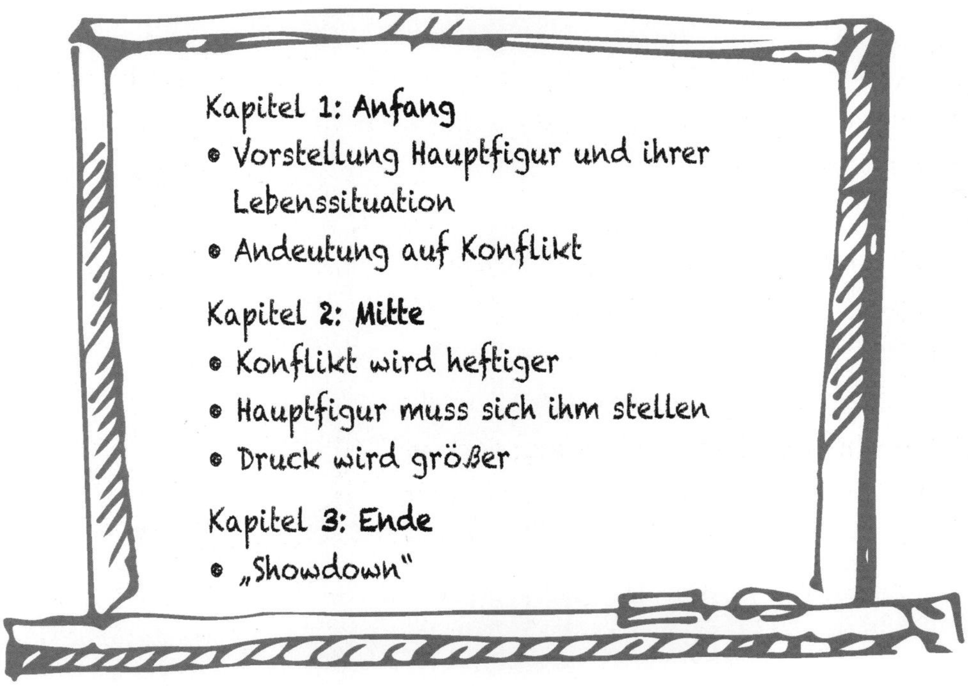

Eine zweite Skizze orientiert sich an der ersten und umreißt genauer die Entwicklung der Hauptfigur.

Kapitel 1: Anfang
- Hauptfigur lebt zufrieden und fühlt sich unbedroht
- Konflikt deutet sich an
- Hauptfigur wird nachdenklich

Kapitel 2: Mitte
- Konflikt bricht aus und steigert sich (Entwicklung)
- Hauptfigur wird unsicher, bekommt Angst
- Hauptfigur weiß, dass sie sich entscheiden muss

Kapitel 3: Ende
- Hauptfigur stellt sich dem Konflikt
- Lösung

In einem solchen Fall hätte sich unsere Hauptfigur entwickelt: von einem Menschen, der ein friedliches Leben führt und sich geborgen fühlt, zu einem Menschen, der erfahren muss, dass es Bedrohungen gibt, ob die nun von außen kommen oder aus der Figur heraus.

„Was willst du?"

Für den Aufbau bzw. den Handlungsablauf ist ein Faktor für eine gute Geschichte von extremer Wichtigkeit. Die Hauptfigur muss
ein Ziel,
einen Wunsch,
eine Sehnsucht
oder eine Aufgabe haben.

Die Figur muss ihr Ziel erreichen wollen. Diesem Willen der Figur wird Widerstand entgegengesetzt. Diktieren Sie Schreibmaxime 6.

Schreibmaxime 6:

Die Hauptfigur muss bei dem Versuch, ihr Ziel zu erreichen, auf heftigen Widerstand stoßen.

Schreibmaxime 6 ist das Handlungszentrum der meisten Geschichten. Die Hauptfigur will etwas – ob aus eigenem Antrieb oder weil sie in eine Situation gezwungen wird. Diesem Willen stellt sich jemand, etwas oder die Figur selbst (innerer Konflikt) entgegen.
Hält man sich an dieses Konzept, ist man dem Entstehen einer guten, interessanten und spannenden Geschichte einen großen Schritt nähergekommen. Je größer der Widerstand, desto mehr hat die Figur zu tun. Es entsteht fast automatisch eine Handlung.

Hier treffen die Themen „Konflikt" und „Aufbau" aufeinander. Der Widerstand nämlich ist es, der den Konflikt erzeugt.
Kommt der Widerstand gegen das Erreichen des Ziels aus dem Inneren der Figur – sie hat große Angst vor dem, was sie tun soll –, hätten wir den inneren Konflikt.
Besteht der Widerstand aus einem oder mehreren Feinden, die sich der Hauptfigur entgegenstellen, hätten wir den Konflikt von außen.
Besteht der Widerstand im Durchqueren einer Wüste oder dem Überwinden eines Berges oder Dschungels, hätten wir den bekannten Konflikt mit der Natur.

Lars' Kampf gegen alle Widerstände – Schreibaufgabe V

Lassen Sie die Schüler eine Liste mit möglichen Widerständen für folgende Geschichte machen:
Lars ist in Lisa verliebt. Er will sie erobern. Er will, dass sie seine Freundin wird.
Was kann sich ihm alles entgegenstellen?
Erinnern Sie die Schüler an die drei Grundstrukturen von Konflikten:

- von innen
- von außen
- mit Natur/Technik

Zur Verdeutlichung der Wichtigkeit von Konflikt und Widerstand kann man ein einfaches Gegenbeispiel konstruieren:
Lars liebt Lisa, Lisa liebt Lars. Nichts kommt dazwischen. Niemand ist krank, niemand hat etwas dagegen, die äußeren Umstände sind gut. Alles ist gut.
Was nun? Nichts.

Aus dem widerstandslosen Zusammenkommen von Lars und Lisa lässt sich unter keinen Umständen eine interessante Geschichte erzählen. Das ist ausgeschlossen. Die beiden jungen Leute müssen auf Probleme/Konflikte stoßen.

Hintergrund

Mit welchen Elementen kann Spannung in Geschichten gebracht werden? Eine wirklich interessante Geschichte, in der die Hauptfigur echte Konflikte zu lösen hat, ist spannend.
Trotzdem kann der Autor auf einige Tricks zurückgreifen, um Spannung zu erzeugen.
Er kann beispielsweise vor den eigentlichen Anfang der Geschichte ein Kapitel oder einen Abschnitt setzen, in dem die Geschichte schon fast vorbei ist. Dann darf nicht verraten werden, was geschehen ist, aber Andeutungen dürfen und sollen gemacht werden.

Dass Spannung auch außerhalb der Thriller-Literatur wichtig ist und funktioniert, kann vielfältig belegt werden. Wenn in Kafkas Erzählung „Die Verwandlung" die Hauptfigur morgens aufwacht und sich über Nacht in einen riesigen Käfer verwandelt hat, dann fragen sich die Leser, was aus dem armen Mann und seiner Familie werden soll und wie es überhaupt zu diesem irrsinnigen Ereignis kommen konnte.

Vielleicht geht die Liebesgeschichte zwischen Lars und Lisa zwischenzeitlich richtig schief. Dann könnte die Geschichte damit beginnen, dass Lars gefesselt auf einem Stuhl sitzt und sich fragt: „Wie konnte es nur so weit kommen?"
Das wäre ein spannender Anfang. Von dort aus – das Interesse des Lesers ist jetzt geweckt – kann die Geschichte erzählt werden bis zu dem Punkt, an dem jemand Lars überwältigt und gefesselt hat.

Anfang gut, alles gut! (Lehrervortrag mit Gespräch)

In diesem Zusammenhang gibt es in der Literatur etwas ganz Herrliches:
Anfangssätze und erste Abschnitte.
Es sind die ersten Sätze und Abschnitte, die oft darüber entscheiden, ob Leser weiterlesen oder Zuhörer aufmerksam lauschen.

Lassen Sie folgende Anfangssätze vorlesen. Reden Sie mit den Schülern über die Eindrücke, die diese Sätze hinterlassen haben und inwiefern sie sich als Anfangssätze besonders eignen.

Ernest Hemingway, Das kurze glückliche Leben des Francis Macomber:
Es war jetzt Essenszeit, und sie saßen alle unter dem doppelten grünen Sonnendach des Speisezeltes und taten, als sei nichts passiert.
In diesem Satz verweist das „Zelt" bereits auf einen gewissen exotischen Hintergrund. Der Dreh- und Angelpunkt aber, das schon in diesem ersten Satz der Erzählung wirkende Spannungselement ist die Formulierung „und taten, als sei nichts passiert". Dieser Nebensatz verrät, dass etwas Wesentliches passiert sein muss und dass dieses Ereignis eine Tragweite hat, über die die Anwesenden lieber nicht reden wollen.

Gaito Gasdanow, Das Phantom des Alexander Wolf:
Von allen meinen Erinnerungen, von all den unzähligen Empfindungen meines Lebens war die bedrückendste die Erinnerung an den einzigen Mord, den ich begangen habe.
Dieser Satz verweist auf ein in der Selbstwahrnehmung des Erzählers emotional reiches Leben. Es könnte sein, dass dieser Mensch viel erlebt hat. Es folgt der Paukenschlag des Mordgeständnisses.

Franz Kafka, Die Verwandlung:
Als Gregor Samsa eines Morgens aus unruhigen Träumen erwachte, fand er sich in seinem Bett zu einem ungeheuren Ungeziefer verwandelt.
Dieser Satz wirft eine ganze Reihe tief gehender Fragen auf.

Natürlich kann ein Text auch gemächlich beginnen, mit einer Landschaftsbeschreibung beispielsweise. In diesem Fall aber sollte diese Beschreibung wenigstens eine Stimmung erzeugen. Sie sollte ein Licht werfen und die Landschaft eine Atmosphäre ausdrücken lassen, die Spuren in die Geschichte legt.

„Er würde so etwas nie wieder tun." – Schreibaufgabe VI

Lassen Sie die Schüler eine Reihe spannender, interessanter Anfangssätze schreiben. Sie können Figuren einführen oder Situationen. Ein paar Beispiele:

„Er würde so etwas nie wieder tun."
→ Der Leser fragt sich direkt, wer was nie wieder tun würde.

„Als sie durchs Schlüsselloch sah, schrak sie zurück."
→ Der Leser fragt sich direkt, wer durchs Schlüsselloch sieht und was sie da erblickt.

Geben Sie als kleine, einmalige Hausaufgabe zum nächsten Tag auf, dass die Schüler drei Anfangssätze von Romanen, Erzählungen oder Kurzgeschichten (aus vorhandener Literatur) mitbringen und vorstellen sollen.

„Halt dich fest!" (Lehrervortrag mit Gespräch)

Eine weitere Möglichkeit, Spannung zu erzeugen, ist der sogenannte Cliffhanger.

Cliffhanger bedeutet, dass eine Szene in einem besonders spannenden Moment ausgeblendet wird und der Autor zu einer anderen Figur der Geschichte wechselt.
In einer Fantasygeschichte könnte die Hauptfigur zum ersten Mal auf einen Drachen stoßen, der sich ihr mit wahnwitziger Geschwindigkeit nähert und beginnt, Feuer zu spucken. In diesem Moment, die Figur erstarrt vor Angst, kann eine Freizeile folgen und an einen anderen Ort der Erzählung gewechselt.
Hier folgen einige Sätze, die als Cliffhänger oder auch als Anfangssätze dienen könnten:

„Das kann doch nicht wahr sein, dachte sie."
Dann kommt eine Freizeile und die Geschichte geht bei einer andern Figur weiter.

„Das überlebe ich nicht, dachte er."
Freizeile und der Wechsel zu einer anderen Szene

„Als sie sich umdrehte, fiel ein dunkler Schatten über sie."
Freizeile und der Wechsel

„Jetzt gleich würden diese blöden Typen um die Ecke kommen. Was sollte er dann tun?"
Freizeile, Wechsel

Aktiv in die eigene Geschichte einsteigen!

Allerspätestens jetzt sollten Sie die Schüler nachdrücklich animieren, ihre eigenen Geschichten voranzutreiben. Bestenfalls sind schon eine Menge Notizen entstanden, als sie über Figurenentwicklung, Konflikte, Schmelztiegel und Ähnliches gesprochen haben.

Beenden Sie den Tag damit, dass die Schüler anfangen, ihre eigene Geschichte zu schreiben. Gehen Sie herum, unterhalten Sie sich, lassen Sie sich Ideen vorstellen oder regen Sie Gespräche an.

4. Tag: Dialog, Atmosphäre und Sinnlichkeit
oder
„Wirklich schön hier. Aber eigentlich wollte ich was ganz anderes sagen."

Ablauf 4. Tag

60 Min.	„Und du so?"	Vorstellung eigener Geschichten mit Gespräch
30 Min.	Small Talk ohne Folgen	Lehrervortrag mit Rollenspiel und Gespräch Schreibmaxime 7
30 Min.	„Ich müsste dir etwas erzählen."	Schreibaufgabe VII
20 Min.	„Schön hier!"	Lehrervortrag Schreibmaxime 8
30 Min.	Mit den Augen von Felix	Schreibaufgabe VIII
20 Min.	„Sieht gut aus, riecht gut und schmeckt noch besser."	Lehrervortrag Schreibmaxime 9
30 Min.	Ein Eisbecher für einen Unschuldigen	Schreibaufgabe IX
Restzeit	Weiter im eigenen Schreiben	

„Und du so?“ (Vorstellung eigener Geschichten mit Gespräch)

Lassen Sie exemplarisch einige der bisher entstandenen Geschichten oder Geschichtsanfänge vorlesen. Die Schüler sollen dabei die Schreibmaximen vorliegen haben. Mit diesem Handwerkszeug können sie jetzt nachsehen, inwiefern im Text beispielsweise genug „gezeigt statt behauptet“ wird.
Eine intensivere Variante ist es, den Schülern einen der Texte in Kopie vorzulegen und ihn konstruktiv korrigieren bzw. lektorieren zu lassen.
Achten Sie aus pädagogischen Gründen darauf, dass Ein- und Ausstieg der Kritik positiv sind, Stichwort „Sandwich-Feedback“: Der Schüler steigt mit etwas Positivem ein, lässt ein Entwicklungsfeld folgen und schließt wieder mit einer positiven Bemerkung. Wie zum Beispiel in: „An dem Text hat mir das schon ganz gut gefallen. Besser machen könntest du das und das – aber alles in allem, eine tolle Geschichte. Da kann richtig was draus werden. Mach mal weiter. Ich bin gespannt.“

Small Talk ohne Folgen (Lehrervortrag mit Rollenspiel)

Der Dialog – das direkte Reden von zwei oder mehreren Figuren – spielt in vielen Geschichten eine wichtige Rolle. Die Leser wollen die Figuren gerne reden hören. Im Dialog können viele die Geschichte betreffende Dinge geklärt werden.
Aber der Dialog ist wie jede andere Szene Teil der Geschichte. Es passiert schnell, dass der Dialog mit der Alltagsrede verwechselt wird. Im wahren Leben können Menschen sich begrüßen und über Belanglosigkeiten plaudern, weil das gut und nett sein kann. Für den Dialog im Text ist so etwas in den meisten Fällen ganz schlecht. Folgenden Dialog möchte wahrscheinlich kaum ein Leser lesen müssen.

Lassen Sie zwei Schüler den Dialog mit verteilten Rollen lesen.

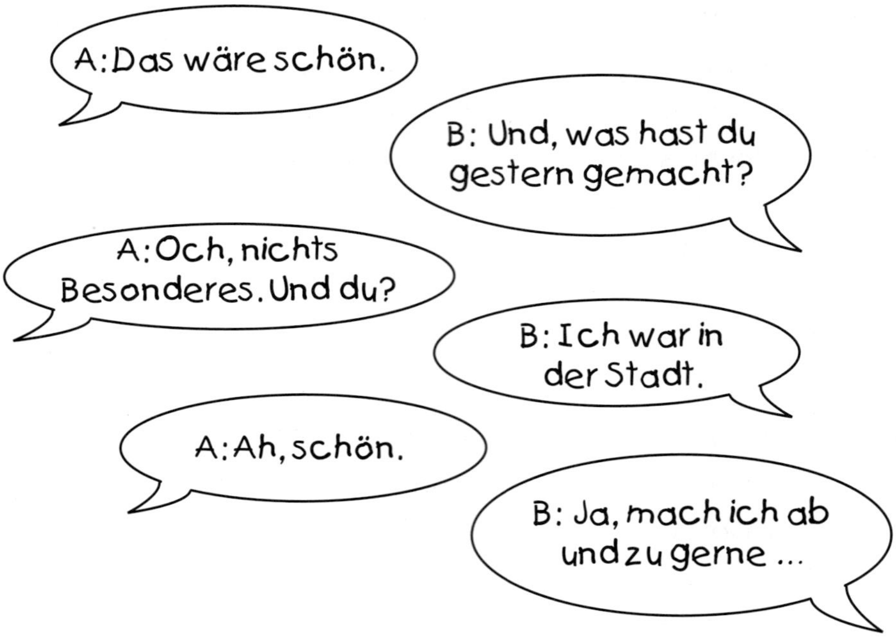

Derart gestaltete Dialoge haben in einem Text nichts zu suchen, von Ausnahmen immer abgesehen.

Im Grunde muss jede Szene in einem Text die Geschichte voranbringen – das gilt auch für den Dialog. Er muss die Handlung weiterbringen und die Entwicklung der Figuren oder aber neue Kenntnisse über die Figuren liefern.
Mittels des Dialoges kann der Autor Figuren auch charakterisieren. Die direkte Rede zeigt den Lesern, wie jemand spricht und kann damit Aussagen über den Charakter der Figur machen.

Jemand, der sehr gebildet ist, benutzt vielleicht das ein oder andere Fremdwort. Ein böser Mensch flucht vielleicht viel und benutzt eine vulgäre Ausdrucksweise. Ein alter Mensch spricht vor dem Hintergrund großer Lebenserfahrung vielleicht anders als ein junger Mensch.

Ebenfalls können die Stimmungen der Figuren durch die direkte Rede klargemacht werden. Ist die Hauptfigur furchtbar traurig, redet sie anders, als wenn es ihr prächtig ginge. Wer verängstigt ist, redet anders als der fröhliche, entspannte Mensch. Bei einer Figur kann Jugendsprache einfließen, bei der nächsten fließen Fachbegriffe ein, weil sie sich mit einem bestimmten Thema sehr gut auskennt.

Um langweilige Floskeln zu vermeiden, kann der Autor bestimmte Teile eines Dialoges einfach zusammenfassen. Statt einer „Hallo-Hallo-Szene" kann man einen solchen Wortwechsel zu einem „Sie begrüßten sich" zusammenschmelzen. Sollten die beiden Sprechenden dann, um in Gang zu kommen, tatsächlich übers Wetter plaudern, kann auch das abgekürzt werden: „Sie plauderten erst eine Weile über das Wetter. Dann aber sagte Vincent: …" Durch diese Methode schützen Autoren Leser vor langweiligen, nichtssagenden Dialogen.

Man muss immer im Auge behalten, dass die Hauptfigur einen echten Konflikt zu lösen hat. Für die Figur geht es um etwas! Sie steht unter Druck. Im Kampf gegen die Widerstände kommt es für sie zu Situationen, die schmerzlich oder gefährlich sind. Vielleicht hat die Figur Angst, wie sie sie noch nie zuvor empfunden hat. Oder aber sie muss etwas tun, das sie eigentlich nie tun wollte. Als Folge aus solchen Begebenheiten schämt sich die Hauptfigur. Sie schämt sich wegen ihrer Angst oder wegen ihrer Taten. Das Gewissen nagt an der Figur. Eigentlich will sie erzählen, was sie getan hat, aber es ist sehr schwer, dazu zu stehen und es jemandem zu erzählen.
Vor genau diesem Hintergrund lassen sich sehr spannende Dialoge schreiben.

Diktieren Sie die nachfolgende Schreibmaxime:

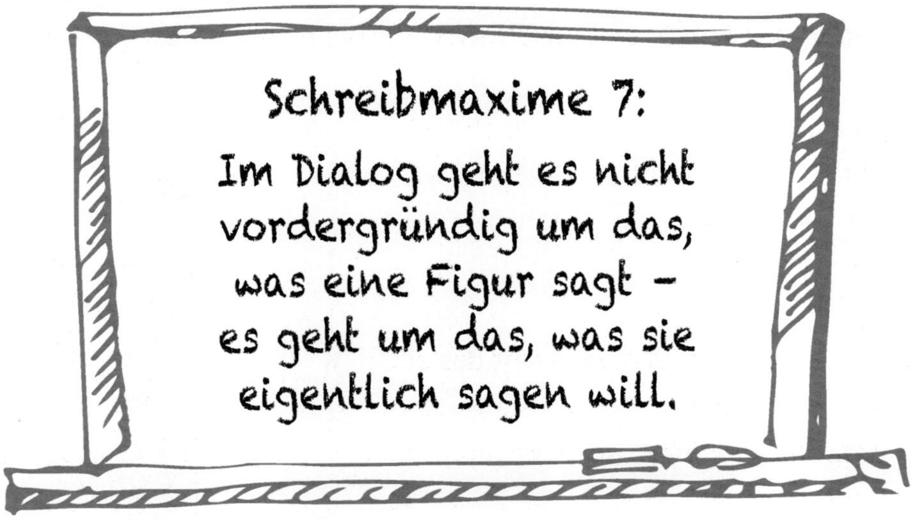

„Ich müsste dir etwas erzählen." – Schreibaufgabe VII

Schildern Sie den Schülern folgende Situation:
Elenas Eltern sind arm. Sie sind gute Eltern, liebevoll und versuchen, alles für Elena zu tun. Elena gibt sich Mühe, sie ist eine gute Schülerin. Nur in Mathematik klappt es bei ihr nicht. Die Eltern sparen Geld für Nachhilfeunterricht für ihre Tochter. Das ist schwer, sowohl für die Eltern als auch für Elena. Einige Wochen nach Beginn des Unterrichts wird eine Mathearbeit geschrieben. Trotz der Nachhilfe hat Elena eine Sechs in der Arbeit. Sie geht traurig und reumütig heim. Sie muss ihrer Mutter sagen, was passiert ist. Aber wie soll sie es ihr sagen?

Lassen Sie die Schüler einen Dialog schreiben, in dem Elena über viele Umwege ihrer Mutter erklärt, dass sie erneut eine Sechs in Mathematik geschrieben hat.

Vielleicht sagt Elena ihrer Mutter, dass sie zum ersten Mal Zeitung gelesen hat, es würden ja so viele ganz schreckliche Dinge auf der Welt passieren ... Oder sie fragt, ob sie heute spülen soll und ihrer Mama einen schöne Tasse Tee kochen ...
Der Dialog zur obigen Szene kann sehr witzig werden – eine Sechs in Mathe ist schließlich kein Weltuntergang.

Hintergrund

Um einen Dialog interessant für die Leser und wegweisend für die Geschichte zu machen, ist es wichtig, dass die Figuren auf verschiedenen Wissensständen sind. Wenn eine Figur der anderen etwas erzählt, das die schon weiß, ist der Dialog überflüssig.
Paradebeispiele für Dialoge mit unterschiedlichen Wissensständen der Figuren sind die Verhördialoge in guten Kriminalgeschichten. Daran kann man sehr einfach verdeutlichen, wie wichtig die Informationsunterschiede zwischen den Figuren sind. Die eine Figur will etwas wissen, die andere will es verbergen. Auch hier sieht man wieder, wie wichtig der Wille der handelnden Figuren ist.

Dialog

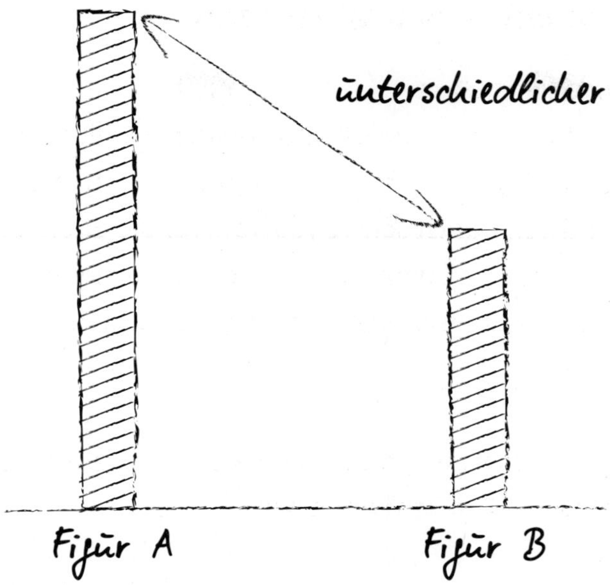

„Schön hier!" (Lehrervortrag)

Ein weiteres Mittel, Stimmung zu verdeutlichen, ist die Beschreibung von Landschaften, Gebäuden und Ähnlichem.

Mit Beschreibungen müssen Autoren vorsichtig sein. Wenn sie zu lang werden, langweilen sie.

Natürlich müssen Schriftsteller „Bilder" schaffen. Leser wollen sich die Umgebung, in der sich die Figuren befinden, vorstellen können. Es muss Atmosphäre geschaffen werden.

Wie macht man das? Atmosphäre entsteht in der Regel nicht durch nüchterne Beschreibungen. Beim Schreiben von Geschichten ist es äußerst wichtig, immer aus den Augen und Gefühlen der Figuren zu schreiben.

Diktieren Sie Schreibmaxime 8 und leiten Sie zu Schreibaufgabe VIII über:

Mit den Augen von Felix – Schreibaufgabe VIII

Zeigen Sie den Schülern das Bild eines schönen Hauses in einer schönen Gegend.
Nennen Sie die Hauptfigur für die zu schreibenden Szenen Felix. Felix geht auf dieses Haus zu.
In der ersten Szene ist Felix glücklich und froh. Es geht ihm richtig gut. Er schlendert daher und blickt dann auf das Haus. Wie sieht er dieses Haus bzw. wie sieht es für ihn aus? Die Schüler sollen aus der Gemütsverfassung dieses Jungen heraus schreiben. Weisen Sie darauf hin, dass sie keine Geschichte erzählen sollen, warum es Felix gut geht. Es soll nur beschrieben werden, wie er in diesem Glückszustand das Haus wahrnimmt.

In einer zweiten Szene geht es um dasselbe Haus, alles ist äußerlich so wie in Szene eins. Das Haus auf dem Bild bleibt dasselbe. Aber: Felix geht es ganz schlecht. Etwas Schlimmes ist geschehen. Er trottet den Weg entlang und sieht auf das Haus. Wie sieht er es jetzt, in dieser ganz anderen emotionalen Lage?

Es ließen sich zahlreiche Beispiele für solches Vorgehen beim Beschreiben finden. Ausschlaggebend bleibt die achte Schreibmaxime. So wie ein Schauspieler in seiner Rolle aufgeht, so müssen Autoren beim Schreiben ganz und gar die Figur sein.

„Sieht gut aus, riecht gut und schmeckt noch besser." (Lehrervortrag)

Die Atmosphäre in Texten trägt dazu bei, dass der Leser in der Geschichte ist. Atmosphäre schaffen Autoren dadurch, dass sie sinnlich schreiben.
Die fünf Sinne sind: Sehen, Hören, Riechen, Schmecken, Fühlen/Tasten.

Achten Autoren darauf, mit allen Sinnen zu schreiben, werden Szenen dichter.
Betritt die Hauptfigur Anna ein verfallenes, geheimnisvolles Haus, dann ist es dort vielleicht dunkel, aus den oberen Etagen knackt es, es riecht nach altem Staub, die Luft schmeckt trocken und wenn Anna die Hand auf ein Treppengeländer legt, fühlt sich das alt und spröde an. In dieser Szene wären alle Sinne angesprochen.

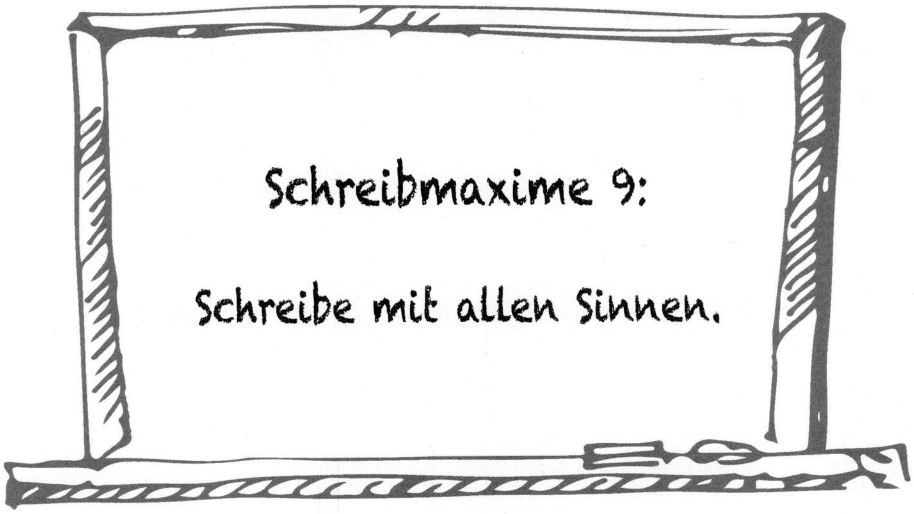

Diktieren Sie Schreibmaxime 9 und leiten Sie zu Schreibaufgabe IX über.

Ein Eisbecher für einen Unschuldigen – Schreibaufgabe IX

Tobias saß fünf Jahre zu Unrecht bei Wasser und Brot im Gefängnis. Endlich wird er freigelassen. Seine Freunde haben ihm ein Hotelzimmer besorgt und ihm eine Überraschung dort hingestellt: einen großen Eisbecher mit frischem Obst und Sahne, das Lieblingsessen von Tobias.

Lassen Sie die Schüler folgende Szene weiterschreiben:
„Tobias kommt alleine in das Zimmer. In der Mitte des Tisches sieht er diesen Eisbecher."
Die Schüler sollen nun alle Sinne einsetzen. Einen Eisbecher kann man nicht hören, wendet vielleicht einer ein. Richtig, aber man kann hören, wie der Löffel durch die Sahne und zwischen dem Obst hindurch in die erste Eiskugel dringt.

Lassen Sie die Texte anschließend vorlesen.
So animiert und im Schreiben sollten Sie den Schülern Zeit geben, ihre eigenen Geschichten weiterzuschreiben.

5. Tag: Erzählperspektive, Sprache und Stil
oder
„Wer und wie?"

Ablauf 5. Tag

60 Min.	„Lass mal hören!"	Vorstellung eigener Geschichten mit Gespräch
15 Min.	„Wie sagt man noch?"	Mündliche Übung
20 Min.	„Gut gesprochen, Bruder."	Lehrervortrag mit Gespräch Schreibmaxime 10
45 Min.	„Beweg dich, Verb!"	Schreibaufgabe X Schreibmaxime 11
30 Min.	„Taumel nicht ins Ungefähre, denn das Präzise liegt so nah."	Lehrervortrag mit Gespräch Schreibmaxime 12
30 Min.	„Sein oder Nichtsein, das ist hier die Frage."	Schreibaufgabe XI
30 Min.	Wer erzählt?	Lehrervortrag Schreibmaxime 13
Restzeit	Vorwärts! Ran an die eigenen Geschichten!	

„Lass mal hören!“ (Vorstellung eigener Geschichten mit Gespräch)

Lassen Sie exemplarisch einige der bisher entstandenen Geschichten oder Geschichtsanfänge vorlesen. Die Schüler sollen dabei die Schreibmaximen vorliegen haben. Mit diesem Handwerkszeug können sie jetzt nachsehen, inwiefern im Text beispielsweise genug „gezeigt statt behauptet“ wird. Eine intensivere Variante ist es, den Schülern einen der Texte in Kopie vorzulegen und ihn konstruktiv korrigieren bzw. lektorieren zu lassen.
Achten Sie wieder auf ein „Sandwich-Feedback“: gut – verbesserungswürdig – gut.

„Wie sagt man noch?“ (Mündliche Übung)

Beginnen Sie den letzten Tag der Projektwoche mit einer kleinen mündlichen Übung.
Fordern Sie die Schüler auf, reihum Synonyme zu finden. Nennen Sie beispielsweise das Verb „fortbewegen“. Welche konkreteren Verben kann man dafür einsetzen? „Gehen, rennen, schleichen“ etc.
Sie können daraus auch ein Spiel machen: Lassen Sie die Schüler in einer Reihe Schulter an Schulter stehen. Reihum sollen nun Synonyme gefunden werden. Bei einem passenden Wort darf der Schüler einen Schritt vorgehen; fällt ihm nichts ein oder sagt er etwas Unpassendes, geht er einen Schritt zurück. Der Schüler, der als Erster die nächstgelegene Wand/Tafel/Markierung erreicht hat, ist „Synonyme-König“.
Machen Sie danach einen zweiten Durchgang mit einem Substantiv, zum Beispiel „Gebäude“. Wieder geht es reihum und fix voran mit „Villa, Scheune, Ritterburg“ etc.

„Gut gesprochen, Bruder.“ (Lehrervortrag mit Gespräch)

Beim Schreiben ist die Sprache das Medium, in dem der Autor sich bewegt. Sie ist das Material, aus dem Texte geformt werden. In der deutschen Sprache kann man sich sowohl sehr präzise als auch poetisch ausdrücken.
Leser verzeihen es nicht, wenn wir ihnen eine langweilige Geschichte vorsetzen. Die Leser sind allerdings auch nicht erfreut, wenn unachtsam mit Sprache umgegangen wird oder viele Klischees auftauchen. Die meisten Leser möchten, dass eine Geschichte auch stilistisch eine Freude bereitet.

Zu Sprache und Stil gibt es eine Menge kleiner Tricks mit großer Wirkung.
Eine Forderung, die von vielen bekannten Autoren immer wieder ausgesprochen wird, lautet: Schreibe in kurzen, klaren Sätzen.

Natürlich kann man auch sehr gute, lange Sätze formulieren, trotzdem sollte man immer überlegen, ob ein Satz mit zwei Nebensätzen nicht besser zu zwei Sätzen gemacht wird.
Ein Beispiel hierfür folgt. Lassen Sie folgenden Satz vorlesen:

Michael, der immer noch fror, meinte zu Sabine, die ihre Kapuze über die Ohren gezogen hatte, dass es doch sehr, sehr kalt sei.

Diesen Satz könnte man so schreiben. Er ist grammatikalisch korrekt und transportiert Inhalte. Aber: Er klingt nicht gut. Wie wäre es mit folgender Korrektur?

Sabine zog sich die Kapuze über die Ohren. Michael zitterte. „Ist doch verflucht kalt", sagte er.

Diktieren Sie die Maxime und leiten Sie zu Schreibaufgabe X über.

Schreibmaxime 10:

Schreibe in kurzen, klaren Sätzen.

„Beweg dich, Verb!" – Schreibaufgabe X

Verben sind die wichtigsten Wörter für Autoren. Verben bringen Bewegung und Dynamik. In den meisten Fällen sollten Autoren darauf achten, so viele Verben wie möglich einzusetzen. Sie sollten darauf verzichten, Verben zu substantivieren.

Das Rufen machte ihn heiser. (mit substantiviertem Verb)
wird zu:
Er rief, bis er heiser war.

Das Erklettern des Berges war sehr anstrengend.
wird zu:
Es strengte an, auf den Berg zu klettern.

Oder vielleicht noch besser:
Füße und Beine schmerzten ihn, die Muskeln begannen zu zucken.
Der Berg ragte steil und hoch vor ihm auf.

Substantivierte Verben haben meist etwas Starres, sie frieren eine Bewegung ein. Ein Verb hingegen bringt diese Bewegung und Dynamik in die Geschichte.

Lassen Sie die Schüler folgende Sätze umformulieren. Sie sollen dabei aus Substantiven Verben machen und Dynamik in die Situation bringen.

Das Brennen des Feuers wärmte sie.

Das lange Fahren ermüdete Hakki.

Das Küssen machte ihre Lippen wund.

Die Verfolgung des Verbrechers kostete Lisa mehrere Stunden.

Das Auftauchen des Drachens hinter dem Felsen erschreckte Lea.

Das Regeln des Problems war kompliziert.

Das Erledigen der Hausaufgaben schaffte Max in zehn Minuten.

Das Einstürzen des alten Hauses wirbelte Staub auf.

Diktieren Sie abschließend die Schreibmaxime 11:

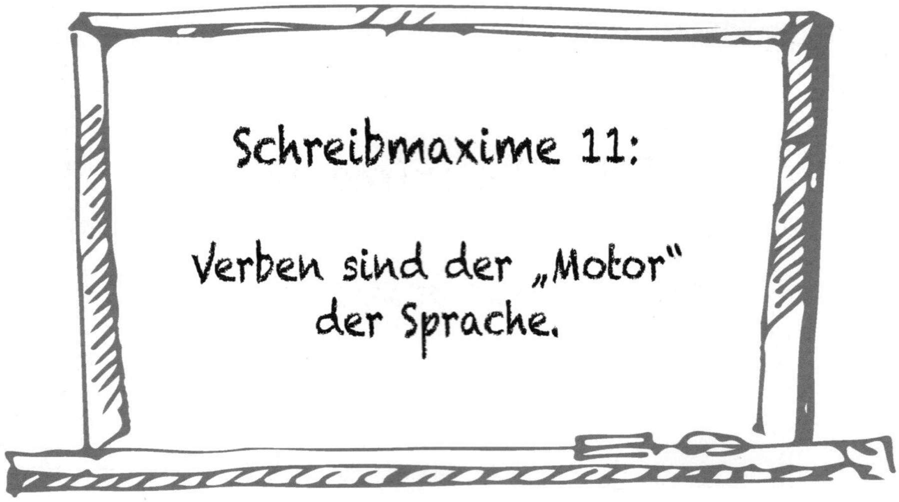

„Taumel nicht ins Ungefähre, denn das Präzise liegt so nah." (Lehrervortrag)

Weiterhin fordert ein guter Stil das präzise Wort. Sehr oft können für allgemeine Verben präzisere gefunden werden.
Ein geradezu furchterregender Horrorsatz für jeden schreibenden Menschen lautet:

Er war im Raum. HORROR!!! ☹☹☹

Sowohl die Verbform von „sein" (in diesem Fall „war") als auch das vollkommen unpräzise Substantiv „Raum" würden von einem guten Autor sofort wutentbrannt verändert – zum Beispiel folgendermaßen:

Er saß im Wohnzimmer am Kamin.

Er lehnte in der Küche am Kühlschrank.

Er saß auf dem Bett.

Die drei obigen Sätze präzisieren den Horrorsatz „Er war im Raum". An den drei Umformulierungen kann man sehen, wie einfach es ist, aus einem nichtssagenden Satz einen besseren zu machen.

Diktieren Sie die zwölfte Schreibmaxime und leiten Sie zur anschließenden Schreibaufgabe über.

Schreibmaxime 12:

Benutze das präzise Wort.

„Sein oder Nichtsein, das ist hier die Frage." – Schreibaufgabe XI

Besonders die Verbformen von „sein" können sehr einfach durch präzisere Verben ersetzt werden.

Dann wird aus:

Er war im Auto. → Er saß im Auto.

Oder aus:

Sie war in ihrem Arbeitzimmer. → Sie stand am Fenster ihres Arbeitszimmers.

Ein weiteres Beispiel:

In der Burg waren fünf Ritter.

Daraus kann werden:

In der Burg tanzten fünf Ritter auf den Tischen.
In der Burg kämpften fünf Ritter.
In der Burg brieten fünf Ritter ein Schwein über einem großen Feuer.

Lassen Sie die Schüler in den folgenden Sätzen die Verbform von „sein" kreativ durch Verben ersetzen, die etwas „erzählen".

Im Flugzeug waren Passagiere.	Sabine war im Stau.
Daniel war in der Schule.	Umut war im Kino.
Das alte Haus war an der Küste.	Der Schatz war unter dem Berg.
Gosia war in der Sporthalle.	Lily ist in der U-Bahn.
Die Lehrer waren im Lehrerzimmer.	

Es sollte klar werden, dass schon durch die Präzisierung der sein-Formen viel mehr Bewegung und Handlung in einzelne Sätze kommt.

Auch beim Gebrauch von Adjektiven sollten Autoren vorsichtig sein. Viele Adjektive sind überflüssig und klischeehaft.
Die „schöne Villa" zum Beispiel – die meisten Villen sind schön. Für den Text bemerkenswert wird es, wenn die Villa nicht schön ist, sondern verfallen. Ist die Villa schön, kann das durch „sprechende" Details bildhafter ausgedrückt werden als durch das müde Adjektiv „schön".

Zum Beispiel könnten wir schreiben:
Die Villa war weiß und hatte glänzende, grüne Fensterläden.

Wer erzählt? (Lehrervortrag)

Zum Schluss bleibt noch ein Blick auf die Erzählperspektive.
Es gibt drei klassische Perspektiven, aus denen Geschichten geschrieben werden können:
- die personale Perspektive (Er-/Sie-Perspektive)
- die auktoriale/allwissende Perspektive
- die Ich-Perspektive

Die personale Perspektive ist die am meisten eingesetzte Perspektive. Sie orientiert sich an der jeweils handelnden Figur und erzählt dann konsequent aus deren Gedanken- und Gefühlswelt: „Er sagte ...", „Er ging ...", „Sie schrie ..." etc.

Hintergrund

Durch das konsequente Festhalten an der personalen Perspektive können überflüssige Umwege vermieden werden. Wird über eine lange Strecke klar aus der Sicht der handelnden Figur erzählt, dann erübrigen sich schleppende Formulierungen wie:
„Sie dachte, das könne sie nicht tun."
Die überflüssige Einleitung des Satzes kann weggelassen werden. Der Satz wird zu:
„Konnte sie das wirklich tun?"
Gleiches gilt für: „Sie überlegte, ob …", „Sie fragte sich, ob …" etc.

Die auktoriale Perspektive ist die des allwissenden Erzählers, der gleichzeitig von oben in alle Figuren hineinschauen kann. Diese Perspektive gilt allgemein als veraltet. Das heißt nicht, dass sie nicht mehr verwendet wird. Es bleibt jedoch kritisch, wenn in einem Absatz gleichzeitig in die Gedankenwelt mehrerer Figuren geschaut wird.

Die Ich-Perspektive begrenzt die Sicht des Erzählers auf das eigene Ich und seine Möglichkeiten der intellektuellen und emotionalen Handlungsweisen.

Ausschlaggebend beim Umgang mit Erzählperspektiven ist, dass Autoren innerhalb eines Abschnitts konsequent bei einer Perspektive bleiben und nicht wechseln. Soll die Perspektive gewechselt werden, weil es für den Text gut ist, sollte dieser Wechsel durch eine Freizeile verdeutlicht werden. Dann weiß der Leser, dass jetzt aus den Augen einer anderen Figur erzählt wird.

Eine Geschichte kann aus mehreren Perspektiven erzählt werden – das ist sogar häufig der Fall. Wichtig ist und bleibt:

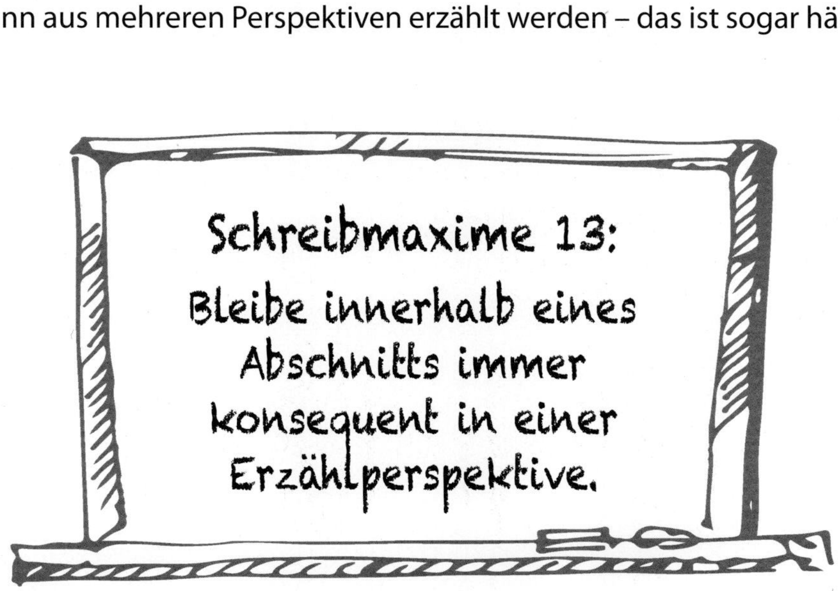

Werden die einzelnen Erzählabschnitte perspektivisch klar voneinander getrennt – schlicht durch Freizeilen –, kann natürlich aus den Perspektiven mehrerer Figuren geschrieben werden. Man kann durchaus auch eine Figur in der Ich-Perspektive erzählen lassen und ein oder zwei andere aus der personalen Perspektive.

Es gibt auch Schriftsteller, die interessante Experimente mit der Perspektive gemacht haben. So zum Beispiel der amerikanische Autor Stewart O'Nan, der seinen Roman „Das Glück der anderen" in der Du-Perspektive geschrieben hat oder Jeffrey Eugenides, der „Die Selbstmordschwestern" zum Teil in einer Wir-Perspektive erzählt.

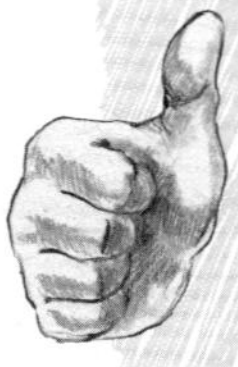

Tipp
Ich rate davon ab, das Schreiben gleich mit Experimenten zu beginnen. Innerhalb der Geschichten, die erzählt werden, bleibt genug Platz für Entfaltungsmöglichkeiten. Experimente sollten aufbewahrt werden bis zu dem Zeitpunkt, da größere Schreiberfahrung gesammelt worden ist und ein Stapel Kurzgeschichten – oder gar Romane? – bei den jungen Autoren im Regal liegt.

Vorwärts! Ran an die eigenen Geschichten!

Kommen Sie zum Abschluss des letzten Tages zum eigentlich Wichtigsten der ganzen Projektwoche: Schicken Sie die Schüler in ihre eigenen Geschichten.
Vielleicht wollen einige bereits Texte vorstellen, Passagen vorlesen und darüber reden. Motivieren Sie die Schüler erneut zum offenen, konstruktiven Gedankenaustausch.

Schlusswort

Wer Geschichten schreibt, ist frei. Er kann erzählen, was immer er will. Pathetisch gesagt, ist er der Gott seiner Texte. Er kann Fantasiewelten erschaffen, von denen nie ein Mensch zuvor gehört hat. Er kann in die Vergangenheit reisen oder in die Zukunft. Hauptfiguren können normale Menschen sein, Außerirdische oder Zauberer. Im Schreiben gibt es nichts, das nicht gemacht werden kann.

Was das Schreibhandwerk betrifft, können alle im vorliegenden Text formulierten Schreibmaximen über Bord geworfen werden. Autoren können eine Geschichte von hinten nach vorne erzählen oder Hunderte von Adjektiven gebrauchen, sie können gerade eingeführte Hauptfiguren sterben lassen oder lange Plauderdialoge schreiben.
Trotzdem ist es ratsam, wenn Schreibende sich zu Anfang an die Schreibmaximen halten, wenigstens weitestgehend. Wie ein Maler – ganz gleich wie wild er malen will – lernen muss, Farben zu mischen, damit genau die herauskommt, die er haben will, so ist es für Schreibende gut, wenn sie sich mittels der Schreibmaximen ein festes Fundament bauen. Der Architekt, der ein noch so modernes, nie gesehenes Haus bauen will, braucht ein Fundament dafür. Ähnlich ist es beim Schreiben auch. Lösen können sich die Autoren von den Maximen immer noch.

Weder die Schreibmaximen noch alles andere im Text Gesagte sind unantastbar. Jede der Maximen ist der Diskussion wert. In der Literatur wimmelt es nur so von Ausnahmen.

Das Wichtigste bleibt die pure Lust am Schreiben.

Lasst uns Geschichten erfinden, die es bisher nicht gab!

Schreibmaxime 1

Die Hauptfigur muss ein Problem bzw. einen Konflikt haben. Nur dann kann eine spannende Geschichte geschrieben werden.

Schreibmaxime 2

Der innere Konflikt macht die Hauptfigur einer Geschichte interessant. Er trägt dazu bei, unvergessliche Figuren zu erschaffen.

Aufgabe 1:

Schreibe auf, welche Konflikte sich daraus ergeben können, dass der bis dahin immer positiv denkende Max Zeuge eines furchtbaren Autounfalls wird.

Aufgabe 2:

Welche inneren Konflikte toben in Ayshe, wenn sie aus Angst eine Freundin in einer gefährlichen Situation im Stich gelassen hat?

Aufgabe 3:

Wie kann sich ein Konflikt entwickeln, der aus Freunden Feinde macht – und sie am Ende der Geschichte wieder Freunde sein lässt?

Schreibmaxime 3

Die Hauptfigur muss Stärken und Schwächen haben. Das macht sie interessanter und menschlicher.

Schreibmaxime 4

Die Figuren – vor allem die Hauptfigur – müssen sich in der Geschichte entwickeln. Am Ende einer Geschichte muss die Hauptfigur eine andere sein als zu Anfang.

Aufgabe 1:

Denk dir eine kleine Geschichte aus, in der der sonst sehr zurückhaltende, schüchterne Tony über sich hinauswächst und in einer brenzligen Situation seinen Mut entdeckt.

Aufgabe 2:

Luca ist ein Großmund und Wichtigtuer. Er hält sich für stark und mutig. Schreibe eine Szene, in der Luca erkennen muss, dass er kleinlaut und vielleicht sogar feige ist, wenn es wirklich darauf ankommt.

Schreibmaxime 5

Zeigen, nicht behaupten.

Formuliere die folgenden Behauptungen in fühlbare Szenen um. Allein durch dieses „Emotionalisieren“ entstehen schon kleine Geschichten in der Geschichte.

Ben liebte Greta.

Lea freute sich.

Madina trug sich mit Selbstmordgedanken.

Samuel war wütend.

Jana war neidisch.

Julian konnte Michael nicht leiden.

Noah war eifersüchtig.

Katharina war ein gemeiner Mensch.

Charlotte war sehr höflich.

Niko war ein netter Kerl.

Ben war ein guter Fußballspieler.

Schreibmaxime 6
Die Hauptfigur muss bei dem Versuch, ihr Ziel zu erreichen, auf heftigen Widerstand stoßen.

Aufgabe 1:

Mach eine Liste von inneren und äußeren Widerständen, auf die Melina in folgendem Szenario stoßen könnte: Melina kann in einer wundervollen Fantasiewelt nur Königin sein, wenn sie nicht in die wirkliche Welt zu ihren Eltern, Geschwistern und Freunden zurückkehrt.

Aufgabe 2:

Welche inneren und äußeren Widerstände muss Karim überwinden, wenn er sich nachts in einem riesigen Wald verlaufen hat?

Aufgabe 3:

Was geht in einer Figur vor, die zum Mond fliegen soll, deren Raumschiff aber defekt ist? Das Schiff lässt sich weder bremsen noch steuern und fliegt hinaus in die Weiten des Alls.

Schreibmaxime 7
Im Dialog geht es nicht vordergründig um das, was eine Figur sagt – es geht um das, was sie eigentlich sagen will.

Aufgabe 1:

Tomke hat ihre Freundin Anna schwer belogen. Schreibe einen Dialog, in dem Tomke Anna das sagen will.
Es fällt Tomke sehr schwer, weil sie sich furchtbar schämt. Wie versucht sie zu sagen, was sie eigentlich sagen will?

Aufgabe 2:

Jennifer ist die Freundin von Marcel. Trotzdem hat sie während einer Party mit einem anderen Jungen geknutscht. Das Gewissen zehrt an ihr. Sie will Marcel sagen, was sie getan hat. Aber das ist sehr schwer – sie weiß, dass sie ihren Freund damit verletzen wird.
Wie sagt sie, was sie eigentlich sagen will?

Schreibmaxime 8
Schreibe immer aus der Sicht und der Gefühlslage der handelnden Figur.

Aufgabe 1a:

Aylin freut sich auf den Urlaub in einem einsamen Haus am Ufer eines schwedischen Sees. Wie erlebt sie die Fahrt zum Haus?

Aufgabe 1b:

Dieselbe Aylin findet es ganz schrecklich, Urlaub in diesem Haus in Schweden zu machen. Wie empfindet sie die Fahrt zum Ferienziel?

Aufgabe 2a:

Wie sieht Pascal Annabelle, wenn er in sie verliebt ist?

Aufgabe 2b:

Wie sieht er dasselbe Mädchen, wenn er es nicht leiden kann?

Aufgabe 3a:

Wie empfindet Kim ein schweres Gewitter, wenn es ihr richtig gut geht?

Aufgabe 3b:

Wie empfindet sie es, wenn es ihr schlecht geht?

Schreibmaxime 9
Schreibe mit allen Sinnen.

Aufgabe 1:

Beschreibe mit allen Sinnen eine Szene, in der Tobias zum ersten Mal in eine Höhle klettert, in der er einen Schatz vermutet.

Aufgabe 2:

Beschreibe mit allen Sinnen einen reich gedeckten Tisch in einem Restaurant.

Aufgabe 3:

Beschreibe mit allen Sinnen den ersten Griff nach der Hand des Mädchens, in das Dennis verliebt ist.

Schreibmaxime 10
Schreibe in kurzen, klaren Sätzen.

Aufgabe:

Formuliere folgende Sätze in kürzere und klarere um.

Philipp stand in der Küche, die kürzlich renoviert worden war, und wartete auf Paula, deren Urlaub, den sie in Spanien verbracht hatte, vorüber war.

Das Auto, das herumschleuderte, krachte gegen einen Baum, der dünn war und brach und auf das Dach des Autos fiel.

Der Mann, der düster aussah, ging den Weg hinab, der sich am Ende gabelte und nach rechts in einen dunklen Wald, nach links in ein Moorgebiet führte, über dem trüb die Sonne versank.

Das Haus, das an der Küste stand, die sich über Kilometer hinzog, war verfallen und zum letzten Mal von Menschen bewohnt worden, die vor über hundert Jahren weggegangen und nach Amerika gesegelt waren.

Schreibmaxime 11

Verben sind der „Motor" der Sprache.

Aufgabe:

Ersetze so viele Substantive oder substantivierte Verben wie möglich durch Verben. Du kannst auch mehrere Sätze aus einem Satz machen.

Wegen des Sturzes brach sich Salim das Bein.

Beim Fußballspielen war der Sieg ihrer.

Durch das viele Lernen war Leander ein guter Schüler.

Sie sahen die Bewegungen der Menschen auf der anderen Seite des Tals.

Tempo und Aufprall verursachten ein Überschlagen des Autos.

Lisa sah, wie Timo den Diebstahl beging.

Natascha empfand Abneigung gegen den Sportunterricht.

Das Kriegführen hatte sie alle unglücklich gemacht.

Schreibmaxime 12
Benutze das präzise Wort.

Aufgabe:
Ersetze „allgemeine" Verben und Substantive durch präzisere.
Das erfordert manchmal Umformulierungen.

Der Hafen war voll mit Schiffen.

Auf dem Schiff waren Männer.

Im Klassenzimmer waren viele Tische und Stühle.

In dem Gebäude war ein Feuer.

In dem Haus gab es viele Möglichkeiten, die oberen Etagen zu erreichen.

In den Bäumen gaben Vögel Geräusche von sich.

Literatur

Lajos Egri (2002):
Literarisches Schreiben. Berlin: Autorenhaus-Verlag

James N. Frey (1997):
Wie man einen verdammt guten Roman schreibt. Köln: Emons

Manfred Fuhrmann (Hrsg., Übers.) (1994):
Aristoteles: Poetik (Griechisch/Deutsch). Stuttgart: Reclam

Fritz Gesing (2014):
Kreativ Schreiben. Köln: DuMont

Otto Kruse (2001):
Kunst und Technik des Erzählens. Frankfurt a. M.: Zweitausendeins

Mario Leis (2006):
Kreatives Schreiben: 111 Übungen. Stuttgart: Reclam

David Lodge (1993):
Die Kunst des Erzählens. Zürich: Haffmanns Verlag

Joyce Carol Oates (2006):
Beim Schreiben allein. Berlin: Autorenhaus-Verlag

Sol Stein (2015):
Über das Schreiben. Berlin: Autorenhaus-Verlag

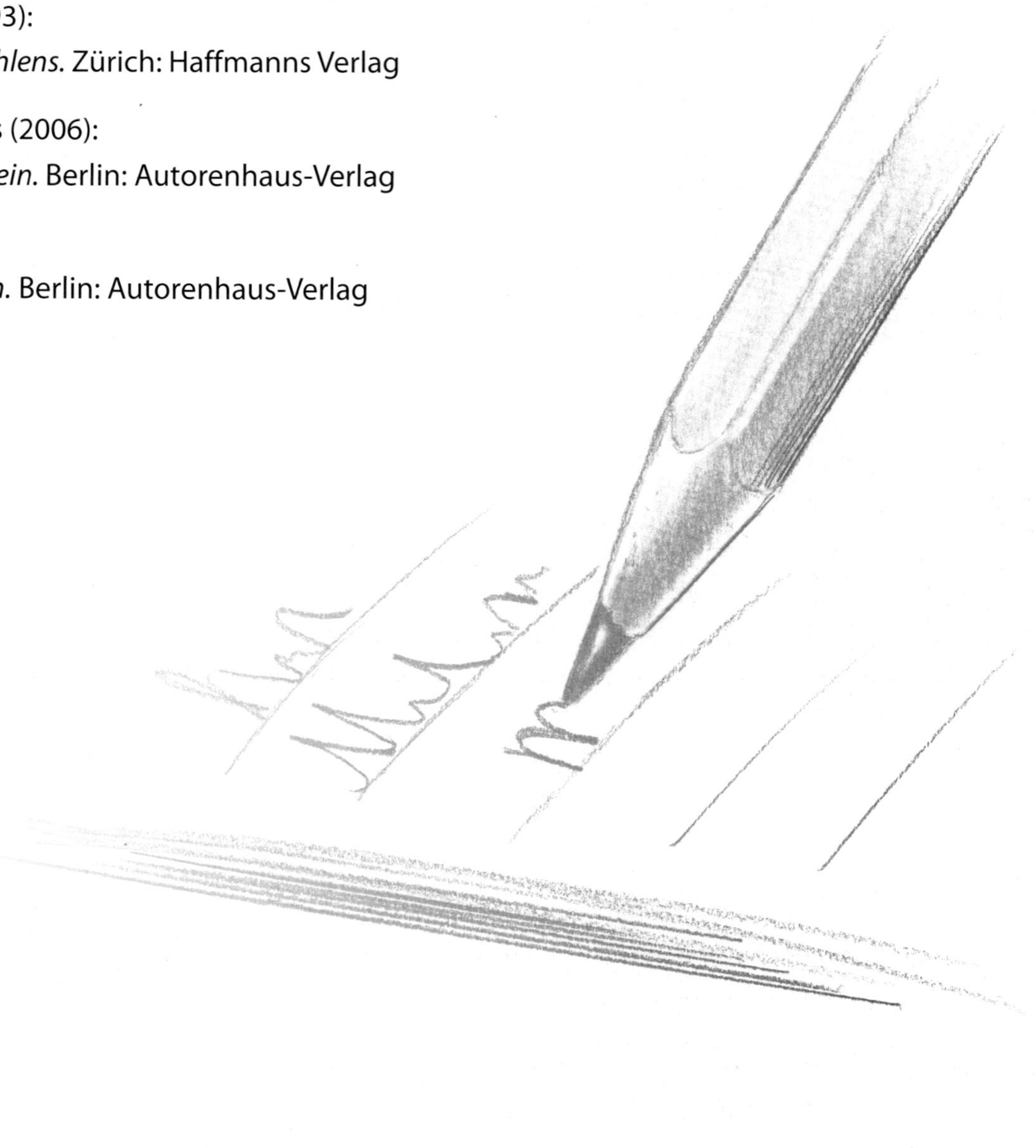